非正常國家

透視美國對日本的支配結構

目錄

前言

我並非經常上電視或廣播發言，但只要我一發表談話，網路上立刻會有人批評我。

「為什麼你看事情的觀點永遠這麼偏頗啊？」

「妄想也該適可而止吧。」

「又是陰謀論。」

像這樣的批判也算司空見慣了。

被批評當然不太舒服，但我也不至於特別生氣。

我寫在書裡的內容都是經過考證的。對於那些內容，其實最不敢相信的人是我自己。

我一直在想，如果這都是我的妄想，不曉得該有多幸福。

◎究竟是事實還是「妄想」

遺憾的是，各位閱讀這本書就可以知道，這些內容都有兩份以上的公文佐證，全是無可否認的事實。

我舉一個簡單的例子就好。

以前我上過田原總一朗的廣播節目（文化放送「田原總一朗・政經密要！」（田原総一朗オフレコ！」）），談到美軍基地的問題，結果發生了一件事情。某位廣播聽眾在節目結束後，立刻到大型網路書店的「讀者評論區」留言。

> ★☆☆☆☆（一星）你UFO博士？
>
> 感覺就像**幻想自己看到幽浮**，**然後到處嚷嚷**的人一樣呢。剛才我聽到作者本人參加的廣播節目（中略），完全不能理解為什麼他希望美軍離開（日本）。如果說（**美軍**）**他們有辦法到處蓋基地**（中略），那麼**東京中央沒有美軍基地**，不是很奇怪（嗎）？

只聽廣播節目，沒看過我著作的人，會這樣想也無可厚非。我本人在七年前，也和這位聽眾的想法一樣，所以我能理解他們想抱怨的心情。

可是，有看過我任何一本著作的人就知道，東京「中央」的六本木和南麻布地區，各有美軍非常重要的基地（分別是「六本木直升機場」和「新山王美軍中心」），詳細內容請看本書七七頁）。

之後我會再詳細介紹，日本首都東京被美軍控管的程度，根本不下於沖繩，簡直到了世所罕見的地步。

還有一個很遺憾的事實，是美國能在日本的任何地方設置美軍基地，這並非我腦袋自己產生的「特大妄想」。

外務省寫給高級官僚的機密教範中（《美日地位協定的思維・增修版》一九八三年十二月發行），有下列兩條。

○美國可以把日本國內的任何地區當成基地。

○若無合理的原因，日本不得拒絕要求；除非實際上提供有困難，否則拒絕美國的要求不在考慮之內。

這都是白紙黑字，寫得清清楚楚。

換言之，**在締結日美安保條約的情況下，日本政府不能依照自己的政治判斷，拒絕美國建立基地的要求。**

日本的外務省已經承認這件事了。

◎北方四島爭議無法解決的理由

更糟糕的還在後頭，根據這一部機密教範的內容，美國擁有這些法理上的權利，因此日本和俄羅斯（亦即當時的蘇聯）交涉時，要遵守下面這一條大原則：

○交涉北方四島的問題時，不得承諾歸還的島嶼上不設立美軍基地[1]。

小學生也知道，俄羅斯不可能接受這種條件。

機密教範中會有這麼具體的描述，代表美日之間對於這個問題，肯定有非公開的議事錄（或稱實質性的密約，詳情參照第四、第五章）。

因此，**除非美日之間的軍事關係產生根本上的變化，否則日本與俄羅斯的領土爭議問題無解**，更不可能與俄羅斯簽署和平協議。

縱使日本首相做出任何重大決定、相關部會提出妥善的草案，到頭來外務省的主流派仍會根據美日協議反對。

二〇一六年，首相安倍晉三提出的「北方四島歸還交涉」，受到廣泛的矚目。長年來懸而未決的北方四島問題，終於有解決的動靜。這樣的報導一出現，社會大眾抱持期待也是理所當然。

沒想到，隨著在日本舉辦的高峰會逼近（同年的十二月十五日和十六日），事前交涉的進度停擺，絲毫沒有談出一點成果。

理由就是我們前面談到的大原則。

據說官邸內也有人主張，要和美方重新探討北方四島與美軍基地問題，可惜協商依舊無法實現。最後，曾任外務次官的國家安全保障局局長谷內正太郎，在十一月上旬拜訪莫斯科時重申，日本仍無法答應，在歸還的島嶼上不會建立美軍基地。

得知報告的俄羅斯總統普丁，在十一月十九日，於祕魯首都利馬的日俄高峰會談上，對安倍首相表示，既然日本無法答應島嶼上不會有基地，那也沒什麼好談的了（《朝日新聞》二〇一六年十二月二十六日）。

絕大多數的日本人並不知道，**一個月後於日本舉行的領土歸還交涉，在這個階段就注定無疾而終了**。

如果安倍首相膽敢違反美日協議，對普丁否認那一則訊息，並在日俄高峰會上承諾，歸

01　原文如下：依照這樣的思維，如果歸還北方四島的條件中，有「歸還後不得設置設施和區域（即美軍基地）」，則日本不得答應蘇聯背負這樣的法律義務，否則在安保條約和地位協定上將造成問題（摘錄自《美日地位協定的思維．增修版》一九八三年十二月發行／《美日地位協定的思維．增修版──外務省機密文件》二〇〇四年高文研發行）。

還的島嶼上不會設置美軍基地，那麼他就會和前首相鳩山由紀夫一樣失去政權。鳩山由紀夫就是在二〇一〇年提議將普天間基地移出沖繩縣，才會在政壇上失勢。

◎「戰後的日本」存在著「檯面下的規範」

我們生活在「戰後的日本」，這個國家存在許多「檯面下的規範」，這些規範不只國民不大清楚，恐怕就連首相都未完全掌握，甚至扭曲了整個社會的結構。**遺憾的是，這些規範幾乎不是美日兩國政府的協定，而是源自美軍和日本菁英官僚、在占領之後所簽署的軍事密約**。

我撰寫這本書，主要是出版社希望我用簡單易懂的方式，描述一下這些檯面下的規範，讓高中生和外國人都能理解。

原著書名之所以為「不該知道的真相」，主要是這些內容對大部分的讀者來說，不要知道的話至少還可以過上十年安穩的生活。

所以容我冒昧說一句，年事已高的讀者，尤其對自己的人生和日本現狀很滿意的讀者，最好還是別看這本書了。

不過，年輕的學生或尚未退休的社會人士，就有必要讀一讀這本書了。日本在各位的有生之年，一定會經歷重大的社會變動。

接下來，我會在書中揭露檯面下的九大規範（共分九章）。這些規範造成的扭曲現象，使得日本處於「法治國家崩壞」的狀態，而這個狀態如燎原烈火，從沖繩延燒到本土、從行政基層擴散到政權中樞。

今後，蒙受其害的人會越來越多，社會將累積極大的民怨。「戰後日本」這個長久以來未曾改變的國家形態，終究是要面臨變革的。

因此，請各位閱讀這本書，等到事情真正發生的那一刻，才有辦法保護自己和家人，在混亂中活出有價值的人生，同時也能避免不必要的紛爭，和眾多同胞一起建立嶄新又公平的社會體制。

「美日間隱性的法理關係」至今未曾有人提起，我打算介紹這種關係的全貌。

（為了幫助更多人理解書中內容，我請來漫畫家繪製四格漫畫，把各章的要點總結在漫畫中。全部讀完花不了三分鐘的時間，先透過漫畫瞭解九大章的要點也沒關係。除了用於商業目的以外，凡是需要使用或分享這些漫畫的人，請先知會下列網站。）〔https://goo.gl/EZij2e〕。

第一章——日本的空域全在美軍的支配下

一九五九年
日本的鄉親！占領期結束，已經過去七年了。
今後你們可以在這片廣大的天空自由飛行。
太好了!!
只是，美軍基地和基地附近不能飛喔。
好
喂！那邊禁止飛行喔！
嗶
離基地還很遠啊……
只有這邊能飛，「基地附近」有多大，是我們決定的。
禁止飛行區域
（橫田空域）
這和恢復主權以前有什麼不一樣啊！

日本太奇怪了。

簡直莫名其妙。

不管怎麼想，這個國家都不正常。

凡事生活在「戰後日本」的人民，對這個國家都有類似的疑問吧。

我相信每個人一定都曾想過，日本是僅次於美國和中國的第三大經濟體，治安和文化水平極高，也有許多引以為傲之處。不過，日本骨子裡有極為扭曲的現象，已經到了無法隱藏的地步。

比方說，我每次寫書都會談到的「橫田空域」問題。

各位看下頁的圖一，日本首都圈的上空是由美軍管轄的，日本飛機沒有美軍的許可，不得飛越該片空域。動不動就要申請許可太過麻煩，因此日本航空和全日空的班機，只好以非常不自然的飛行航線，繞過這一片宛如巨大山脈的空域。

光看上圖我們不難發現，班機集中降落在空域南邊的羽田和成田機場，形成一種十分危險的狀態。

這個規定緊急時刻也不得變通。比方說飛機要繞過前方的積雨雲，避免被冰雹或雷電擊中的風險，管制官還是會要求飛機按照原訂航線，不得進入橫田空域。

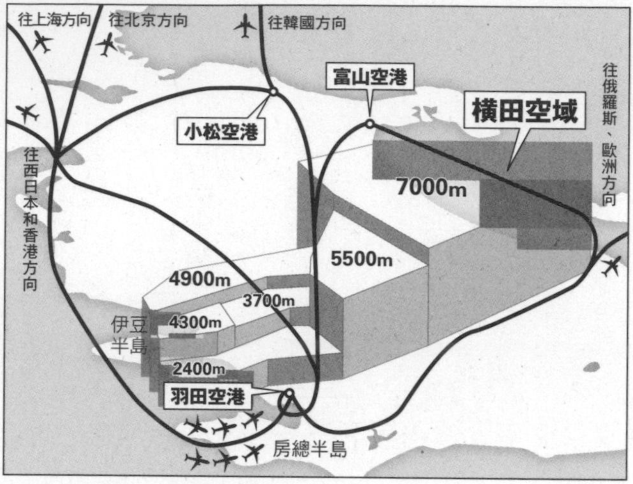

圖一 首都圈上空的橫田空域

六年前，我第一次在書中介紹橫田空域的問題時，很多人都不相信這是真的。後來電視和報紙開始報導，才有比較多人瞭解「橫田空域」的存在。

這一次我也要從這個問題談起，還請各位容忍我老調重彈。

因為，這個問題只有幾十萬人知道是不夠的。至少要有幾千萬的日本人知道，而且必須當成常識理解才行。

◎菁英官僚也不瞭解「橫田空域」

放眼全世界，唯獨日本有「橫田空域」這種奇怪的東西存在。

那麼，為什麼只有日本才有呢？

我是在七年前得知這個事實，真正令我訝異的是，那些號稱菁英官僚的日本官員，對這個問題幾乎沒有任何相關知識。

首先，大部分的官僚都不曉得「橫田空域」是什麼東西。少數知道的人，也不明白為什麼首都圈上空存在這樣的空域。

對於這麼巨大的存在，國家中樞的人竟然一無所知。這樣的日本，又豈能稱為獨立國家呢。

「從什麼時候開始有橫田空域的？」

「為什麼有橫田空域存在？」

各位要看完這整本書，才能真正瞭解當中的玄機。關於前面的這兩個疑問，其實我自己也是到一年前，才真正瞭解完整的答案和歷史背景。

◎世田谷區、中野區、杉並區上空也是「橫田空域」

首先，我來介紹幾個確切的事實。

負責管理這一片空域的，是東京西部（福生市等地）的美軍橫田基地。

請各位再看一次右頁的圖一。

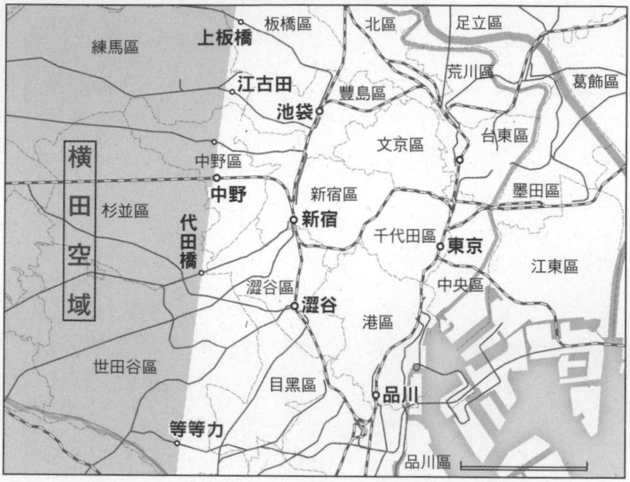

圖二 東京都心（二十三區內）的橫田空域分界

範圍很大對吧，最高的區域還達到七千公尺。這個形同喜瑪拉雅山的美軍專用空域，將日本的天空分為東西兩邊。

住在首都圈的讀者朋友可能以為，美軍基地不是沖繩才有的問題嗎？為了消除各位事不關己的念頭，我來介紹一下橫田空域詳細的分界（詳見上圖）。

若以東京的車站劃分橫田空域的界線，這條南北向的分界幾乎劃過上板橋站、江古田站、沼袋站、中野站、代田橋站、等等力站的上空。被喻為高級住宅區的世田谷區、杉並區、練馬區、武藏野市等地，也幾乎在橫田空域範圍內。

只要在這條分界之內，美軍可以實施任何軍事演習，無須經過日本政府的同意。從二〇二〇年開始（美國會計年度），橫田基地會配置魚鷹式傾轉旋翼機，這種飛機已經在橫田空

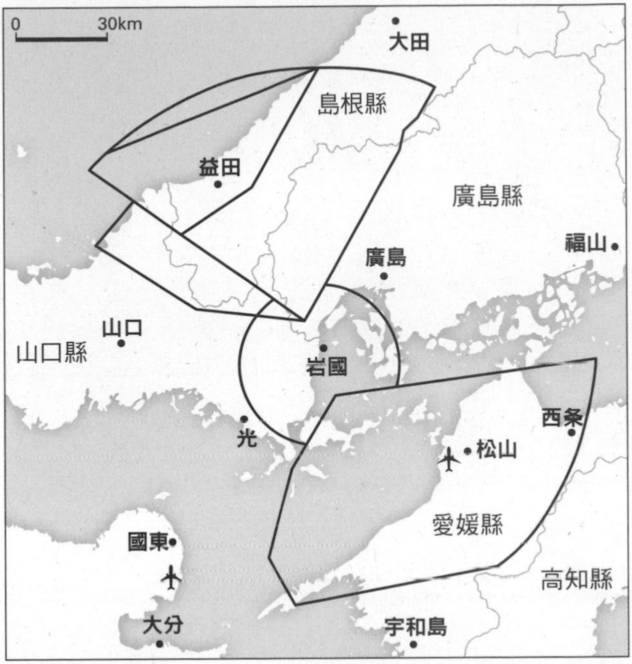

圖三 岩國空域

域內頻繁進行低空飛行訓練了（例如從富士演習場到厚木基地等航線／魚鷹式傾轉旋翼機的危險性留待第二章詳述）。

我不是想嚇唬各位，萬一魚鷹式傾轉旋翼機在這片空域墜落，造成人民傷亡，美軍也不會對日本公布事故原因，更不會有正當的補償。

各位只要看四十年前（一九七七年九月二十七日）的案例即可略知一二，當時橫田空域內就發生過類似的事件，美軍的幽靈戰鬥機墜落在橫濱市綠區（現今青葉區）。

那一起重大事件造成「兩人死亡，六人輕重傷，一棟民宅燒燬，三棟損壞」，兩位美軍飛行員使用降落傘逃脫後，被趕到現場的自衛隊送往厚木基地，並且悄悄返回美國。被害者在法庭上要求公布事故的調查報告，卻只得到「沒有製作日期、沒有製作人名的概要」。

◎覆蓋中國、四國地區的岩國空域

在日本國內，還有兩個被美軍支配的空域。一個是中國、四國地區的「岩國空域」，一個是二〇一〇年以前沖繩的「嘉手納空域」。

一九頁這一張圖，是至今很少有人提起的「岩國空域」。

「岩國空域」和「橫田空域」一樣，也是受到美軍管轄的巨大空域。範圍遍及山口、愛媛、廣島、島根這四

歐巴馬總統搭乘的軍用直升機，降落在廣島直升機場，前方停的就是負責導航的魚鷹式傾轉旋翼機（共同通信社提供）。

歐巴馬總統在原爆慰靈碑前發表聲明，「核彈手提箱」就放在一旁（中央的包包，讀賣新聞社提供）。

個縣，涵蓋日本海上空至四國上空。

民航機要前往這片空域內的松山機場，必須按照岩國基地美軍管制官的指示飛行；前往西邊大分機場的民航機，也得遵守高度限制這一類的規定。

我對岩國空域最深刻的印象是，二〇一六年歐巴馬總統訪問廣島的一幕。

那一次的廣島之行，是美國總統首次的「歷史性」訪問。歐巴馬總統從中部國際機場搭乘空軍一號前往美軍的岩國基地，之後搭乘海軍陸戰隊的軍用直升機，從岩國空域前往原爆圓頂館。

其實搭車前往只要一小時，總共才四十公里路程，歐巴馬總統卻要搭乘軍用機，同時派遣四架魚鷹式傾轉旋翼機擔任前導。隨行的副官還帶著號稱「核足球」的核武發射手提箱。

美軍以核武作為世界戰略的要角，堪稱世界上最強的軍隊，而美國總統就是這支軍隊的最高統帥。他有權力帶著自家的軍機，自由航行於日本的上空——諷刺的是，這位曾獲得諾貝爾和平獎的總統，他的廣島之行徹底印證了這種扭曲的現實。

◎巨大空域並沒有國內法源依據

關於「橫田空域」和「岩國空域」這兩個美軍管轄的巨大空域，其實有一個重點是我們日本人必須注意的。

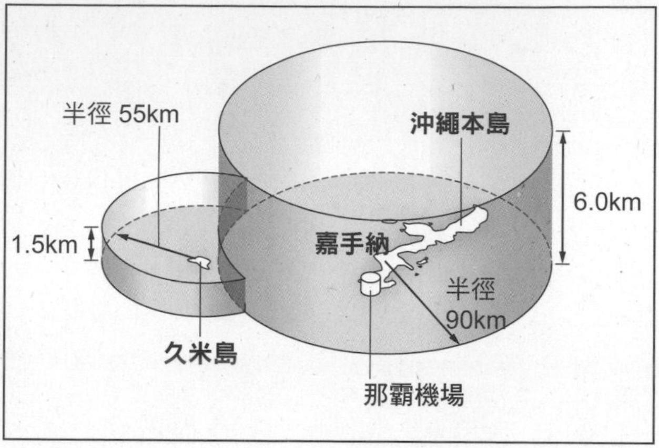

圖四 嘉手納空域 二〇一〇年以前日本管理的空域，只有那霸機場半徑五公里以內、高度六百公尺以下的小型圓筒部分。

我指的不是空域的大小。

日本人真正該注意的，是另一個更驚人的事實。那就是「**這兩個美軍管理的巨大空域，並沒有國內法源依據**」（摘錄自《美日地位協定的思維・增修版》）。

「涵蓋我國首都圈上空的巨大空域，受到外國軍隊管轄，這件事實際上並沒有任何國內的法源依據。」

那為什麼這種狀態無人過問呢？

各位看沖繩的「嘉手納空域」就知道了，那裡曾經是美軍管理的另一個重要空域（於二〇一〇年「歸還」日本）。

有人常問我，為什麼日本高官都不知道的軍事情報，你一個普通人會知道啊？

關於這個問題的祕密，也能在沖繩找到解答。

日本本土形同一個巨大的「美日安保村」，**只要你離開本土前往沖繩，就好像到了舞台的內部般，**

可以輕易照見事情的真相。

◎嘉手納空域和沖繩的現實

請各位看右頁圖四，這就是「嘉手納空域」。

這樣說對沖繩的朋友有些過意不去，但我每次看到這張圖就覺得很可笑。這張圖赤裸裸地昭示了一個殘酷的現實。

沒錯，美軍管轄嘉手納空域，意思就是沖繩本島的上空全被美軍支配。

直到一九七二年沖繩回歸本土以前，該區的空域全在美軍支配之下，這一點大家應該也很清楚。然而，沖繩回歸本土以後，這個情況也未曾改變。各位看一下這張圖，就明白這是「嘉手納空域」真正的涵義了。其實沖繩的遭遇，就是日本全境的遭遇，詳情容後再談。

◎二〇一〇年已經歸還的空域

有去沖繩旅行過的人都知道，當飛機要降落那霸機場的時候，會在前方幾十公里處降低飛行高度，維持好一段時間的低空飛行。

大家可以欣賞碧波萬頃的美景和翠綠的珊瑚礁。當然，這麼做不是為了服務旅客。

為什麼觀光客的班機，必須進行低空飛行呢？因為從日本本土飛往那霸機場的民航機，航線正好和嘉手納、普天間美軍基地起降的軍機交錯。所以必須在三十公里以前，降到三百公尺以下的高度飛行。

這在其他獨立國家是不可能發生的事情，為了維持外國軍機的安全起降角度，自家民航機竟然被迫進行危險的低空飛行。

奇怪的是，前面也說「嘉手納空域」在二〇一〇年三月已經歸還給日本了。為什麼這種情況還是沒有改變呢？

只要瞭解這當中的玄機，我們就可以知道，為什麼戰後過了七十年，首都圈上空仍有美軍管轄的巨大空域（橫田空域）。

◎美軍持續支配沖繩空域的玄機

請看左頁的圖五。

這就是美軍「歸還」嘉手納空域之後，依然可以持續支配沖繩天空的原因。

詳情稍後再談，我們先大致瞭解一下整件事的全貌。

上圖是一九七二年到二〇一〇年間，實際存在於沖繩的嘉手納空域的概念圖，也就是沖繩回歸日本，一直到美軍「歸還」空域的期間。誠如二二頁的圖示，島嶼的上空全都受到美

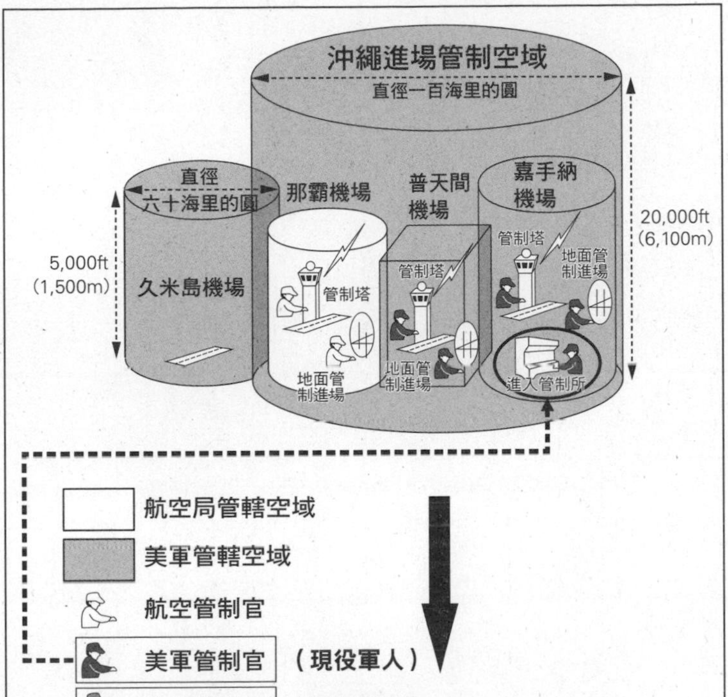

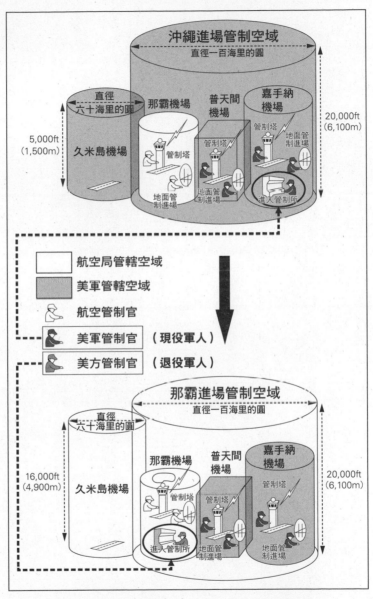

圖五 嘉手納空域移交管制（概念圖） 按國土交通省官網內容製成。

軍支配，和美軍占領時期沒有兩樣（灰色部分）。美軍只允許那霸機場周邊的小小區域，由日本自己進行管制業務（白色部分）。

二〇一〇年以後，就變成下圖那樣了。空域整體確實「歸還」日本了（白色部分），除了嘉手納基地和普天間基地周邊以外，所有航空管制都由日方在那霸機場進行。

那麼，為什麼美軍支配空域的情況依舊沒變呢？

看懂這當中的玄機，各位就知道日本本土的上空發生什麼事了。總之，請各位把下圖的灰色部分當成本土的「橫田空域」和「岩國空域」。

◎新設的「美軍專用空域」

為什麼嘉手納空域回到日本手中，沖繩的天空仍舊被美軍支配？

詳情請各位去看吉田敏浩撰寫的《美日聯合委員會研究》（詳見五五頁），這真的是一件很荒謬的事情。

嘉手納空域好不容易在二〇一〇年歸還給日本，但背後卻隱藏著一個巨大的「美軍優先空域」，使得空域歸還變得完全沒有意義。

這個空域的名稱叫「起降空域」，請參照左頁圖六。

誠如各位所見，這是以嘉手納基地為中心點的美軍優先空域，長一〇八公里，寬三十六

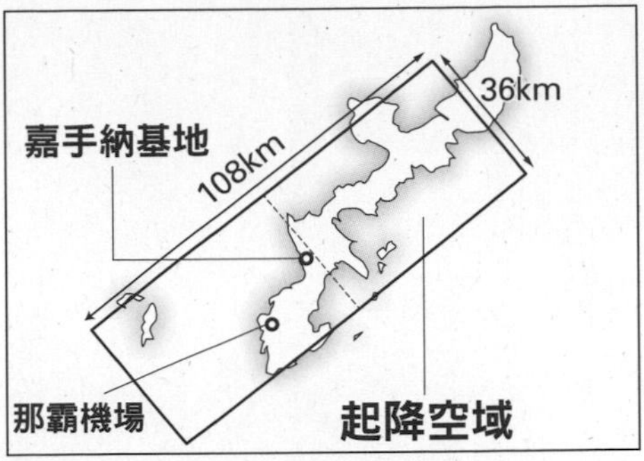

圖六 沖繩本島周圍的「起降空域」

公里，高一千兩百公尺（高度從六百公尺到一千八百公尺）。沖繩本島長約一百公里，寬最多才二十八公里，各位看圖就知道，整個沖繩幾乎都被覆蓋了。

美軍在歸還沖繩空域的時候，同時新設了一個巨大的美軍專用空域，美其名是要保護嘉手納基地和普天間基地的軍機起降安全。

這根本是把人當傻子耍對吧，設置了一個這樣的空域，歸還嘉手納空域一點意義也沒有。

我們這些觀光客抵達那霸機場之前，不得不經歷危險的低空飛行，原因就是沖繩本島和周邊上空，凡是高度六百公尺以上的範圍，都是美軍巨大的優先空域。

因此，民航機只好飛在規定的高度以下，再稍微拉開一段距離，飛到三百公尺以下的空域之中。

實情還不僅如此。

二五頁的圖五，請看虛線指示的兩個橢圓形內部。

那霸機場的管制所，是日方進行所有管制業務的區域，當中竟然有「美方管制官（退役軍人）」常駐，而非

「美軍管制官（現役軍人）」。美方管制官就和過去一樣，在美軍軍機優先的大前提下，處理相關的管制業務！

換言之，美軍表面上「把巨大空域還給日本」，實際上依舊支配著沖繩的天空。

◎「與其周邊」的意義被無限上綱

明白了沖繩空域的玄機，各位就知道首都圈上空為何有巨大的「橫田空域」了。

一九六〇年，現任首相安倍晉三的祖父時任首相岸信介，呼喊著「消除占領遺毒，建立對等美日關係」的口號，改定美日安保條約。

其實一直到前一年，日本全境空域都在美軍的支配之下，和沖繩一模一樣。

這件事情各位應該也不知道吧？安保改定的前一年是一九五九年，占領結束是一九五二年的事情，都已經結束占領七年了，日本還處於被支配的狀態。

當然，這根本稱不上「對等的美日關係」。

於是，一九五九年美日締結了一個表面上的協定，把日本本土的空域（航空管制權）歸還給日本，就和二〇一〇年「歸還嘉手納空域」一樣。

然而背地裡，美軍依照密約設立了巨大的美軍優先空域，這一點也和沖繩別無二致。

美軍使用的「手法」如下：

首先，**他們把本土上空的航空管制權歸還給日本，但另外訂了一條密約「美軍基地與其周邊不在此限」。接著再透過密室協商，把「與其周邊」的意義無限上綱。**這就是橫田空域和岩國空域這兩大空域的由來了。

這是「美日聯合委員會」這個密室協商機構訂下的，關於這個機構會在第四章提到。因為是密室協商，所以橫田空域和岩國空域，到現在也沒有任何國內法源依據。純粹是美軍占領時期的狀態，一直延續下去罷了。

◎本土上空也被美軍支配

那麼，橫田空域和岩國空域以外的本土空域又是如何呢？

前面也提過，美軍歸還了沖繩的「嘉手納空域」，但島嶼上空幾乎是美軍的優先空域，美軍軍機可以在優先空域中自由演習。

回過頭來看，本土上空是不是只有橫田空域和岩國空域被美軍支配呢？

不，完全不是這麼一回事。日本本土的上空也全被美軍支配了，只是我們沒看到而已。

請各位看下頁圖七，這就是美軍在日本上空的「低空飛行訓練航線」。

二〇一一年，這些航線每年舉行超過一千五百次軍事演習。從二〇一二年開始，還要加上普天間基地的魚鷹式傾轉旋翼機訓練次數。

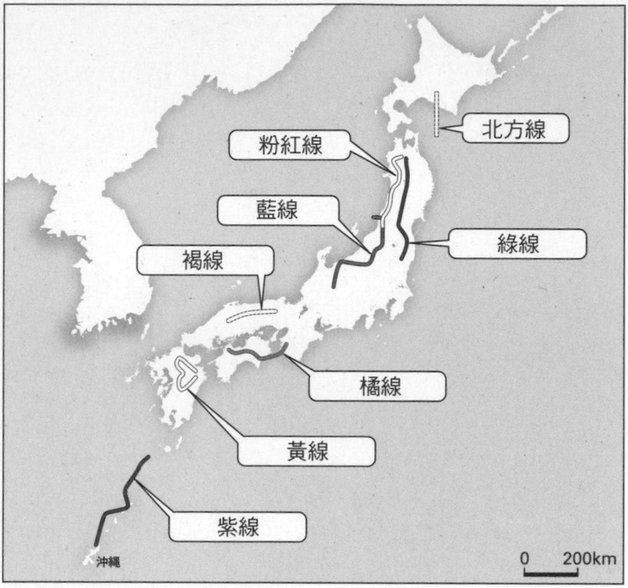

圖七 美軍軍機的低空飛行訓練航線

實際上，美軍軍機在抵達這些航線之前，也是在日本上空到處飛行，他們實際上有自由航行日本全空域的權利。待抵達訓練航線以後，才開始進行低空飛行訓練。

為什麼美軍做得到這種事情呢？

答案是，**美軍在日本全境的上空，可以隨意設定像沖繩那樣的優先空域**。

各位可能不敢相信吧，但我有確切的根據證明這一點。

請看左頁圖八，這是國土交通省航空局資料中的插圖（Overview of ATM Center in Japan 二〇一一年資料）。這張插圖顯示，美軍在日本全境的上空，不斷規劃「臨時的專用空域」，又稱為「移動式保留高度」

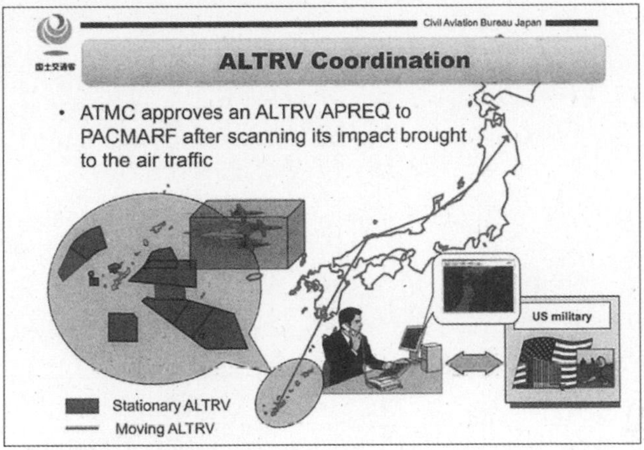

圖八 縱貫日本列島的「移動式保留高度」 日本列島上的長箭頭，就是「移動式保留高度」的航線。

（Moving Altitude Reservation）。這條立體的空域有一定的寬度和高度，主要用來配合他們實施軍事演習。

詳情請參閱《美日聯合委員會研究》，總之美軍擁有的權利如下：

「對於實施軍事演習的美軍軍機，日本政府會優先給予管制權。」

當然，日本的國民並不知道，這份權利源自於美日聯合委員會的密約（一九七五年五月八日）。

◎再怎麼危險的飛行都算「合法」

我們從「橫田空域」談到這個階段，不曉得

各位覺得怎麼樣？

第一次接觸真相的讀者，可能會感到有些混亂吧，日本的空域為什麼會搞成這樣？不過，我們稍微換一個角度思考，就能輕易說明這些狀況了。

戰後已經過了七十年，「日本的天空」包含沖繩在內，依舊在美軍的支配之下。這可是明明白白寫在日本法條中的「事實」。

左邊是一九五二年美軍結束占領時，新制定的日本國內法的條文（航空法特例法）。當中記載了一個赤裸裸的真相：

航空法特例法第三項

「關於前述的航空機（美軍軍機或聯合國軍機），不適用航空法第六章的規定。」

這裡最重要的是，美軍軍機不必配合的「航空法第六章」，是關於飛航安全的法條，這些法條牽涉到以下幾項內容：

一、起降場所。
二、禁止飛航區域。
三、最低高度。
四、限制速度。

五、飛行計劃的通報與認可。

與飛航安全有關的四十三條（第五十七條到第九十九條）法律條文，美軍軍機統統都不需要遵守。

簡單說，美軍軍機在日本上空進行再危險的飛航，也都屬於合法行為。

自一九五二年占領結束以後，美軍根據這一條法律，在日本上空依舊擁有不受任何約束的飛航權利。時至今日都已經過了六十年，條文同樣是隻字未改。

光看這一點就可以知道，一九五二年的「主權獨立」和一九六〇年的「安保改定」，都只是表面工夫罷了。

第二章——美軍在日本全境享有治外法權

所謂的治外法權，就是在別人的國家犯罪，也不必受該國法律制裁的權利。
比方說，大使館內的區域就相當於外國領土。
○國大使館
禁止進入
我們美軍在日本也享有治外法權。
啊——美軍基地裡和大使館一樣是嗎？
不是喔！
不只在美軍基地裡，我們在日本全境都有治外法權！
掰啦
肇事者
OFF LIMITS
因為有這一條密約存在！
啪
日本警察在基地之外，也不得搜索美軍財產（一九五三年的密約）
咦咦咦咦

有一個很奇怪的問題，不曉得各位注意到了沒有。

獨立國家的首都圈上空被外國軍隊管轄，這種異常的情況，為什麼一直沒有鬧出重大的問題呢？

當然，也有人點出了這個疑問。共產黨在國會多次提起，石原慎太郎一開始擔任東京都知事的時期，也曾探討空域歸還的議題，只是用「軍民共用橫田基地」的名義來談。

這幾年來，有一些在全國播出的電視節目，也有介紹我們撰寫的書籍（詳見五五頁），藉此來探討這個議題。

可惜情況始終沒有改變，國會上沒有人抨擊這個問題，人民也沒有發起遊行抗爭。這種異常狀態放眼全球前所未見，竟然還順理成章地延續下去。

日本太奇怪了。

簡直莫名其妙。

不管怎麼想，這個國家都不正常。

空域問題，是突顯日本不正常的典型事例之一。

不過經過深入調查後，我們還發現了一個更難以置信的事實。

這個事實就是，**美軍支配的不光是日本的上空**。

◎發生在沖繩小型聚落的事件

邊野古（位於沖繩縣的名護市）這個地方，相信大家都曾聽過才對。從二〇一七年二月開始，美軍基地的巨大興建工程復工，許多大型水泥塊都被丟入該地區的大海。

直到七年前，這個位於沖繩本島北部的美麗海岬，本土幾乎沒有人知道。普天間基地遷移問題導致鳩山首相失勢，邊野古地區才變成家喻戶曉的名字。

那麼，高江聚落又是怎麼一回事呢？

這是比邊野古地區更北邊的森林地帶裡，一個人口大約一百四十人的聚落。我們來看一下這個小聚落發生了什麼事，就知道美軍不光是在日本空域肆意妄為，他們在日本的領土上行動也不必遵守國內法規。

高江聚落（位於沖繩縣國頭郡東村）引發的問題，和「北部訓練場」的部分歸還有關，北部訓練場是沖繩面積最大的美軍基地。

可能有的讀者認為，都歸還一部分了，已經不錯了吧？

確實，二〇一六年十二月二十二日，占據北部訓練場一半面積以上的四千公頃土地，都歸還給日本了。日本境內的美軍基地（專用設施）在沖繩縣的比率，也從百分之七十四，降到百分之七十一。

不過，美軍在歸還某些東西的時候，絕不會做出有損自身權益的事情。通常他們都是打著「歸還」這個冠冕堂皇的名義，背地裡增強自己的「權限」和「訓練機能」。

比方說，若要關閉危險的普天間基地，那麼就得用日本的預算，在邊野古建造一個巨大的新基地，這個計劃就是最典型的例子。

高江聚落最主要的問題，還是魚鷹式傾轉旋翼機。魚鷹式傾轉旋翼機經常發生事故，美軍還要在當地建設這種軍用機的起降場，當地居民和美軍的對立日益嚴重。

◎「歸還基地」的玄機

所幸在沖繩地區，學者、媒體、居民都很關注美軍基地議題，這一點與本土不同。因此我們可以很清楚地知道，當地究竟發生了什麼事。

美日兩國政府，對於北部訓練場「部分歸還」一事，大略說明如下：

○這個將近四千公頃的基地歸還措施，是沖繩回歸日本後，最大的一次歸還措施，也大幅減低了美軍基地對沖繩居民的負擔。

○可是，在預定歸還區域裡的直升機起降場，會遷移到非歸還區域中，以免影響到美軍的訓練[2]。

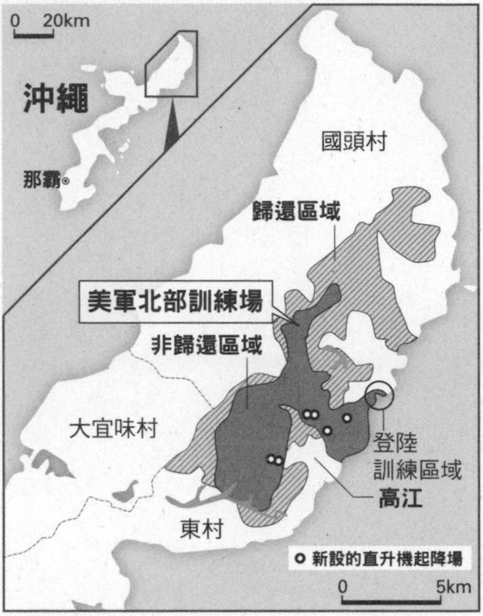

圖九 美軍北部訓練場的歸還區域，以及新設的直升機起降場

美軍公布了在非歸還地區新建六個起降場的計劃，詳見上圖。

其實，這個說明背地裡是有玄機的。首先新建的起降場，是「魚鷹式傾轉旋翼機專用起降場」，規模比以前的大上好幾倍。起降場完成以後，美軍預計用這種經常發生事故的危險機體，進行頻繁的飛行訓練。

另外，新的六大起降場如同圖示，預計蓋在高江聚落的周圍，當地有將近一百四十多位居民。

北部訓練場的歸還案例，和美軍慣用的手法如出一轍，他們把自己用不到的土地還給日本政府，藉此追求「更進一步的訓練機能」，這一點在美軍的官方資料中有詳實記載：

「這一次，歸還日本政府（北部訓練場）百分之五十一的土地，都是不堪用的土地。相對地，我軍可以使用嶄新的訓練設施，進行更有效率的訓練。」（美國海軍陸戰隊「戰略展望二〇二五」）

這份資料上寫的「嶄新的訓練設施」，指的不光是直升機起降場。各位看右頁的圖九就知道，美軍還會在起降場數公里外的海岸河口，設立演習區和步行訓練用的道路，以魚鷹式傾轉旋翼機進行登陸敵方陣地的訓練。

◎難以置信的事實

我們來看一下反對運動人士的陳述，就知道高江聚落的起降場建設計劃有多不正常了。

「在本土，隨便蓋一棟公寓都要召開好幾次說明會。設立育幼院也一樣，如果周遭居民反對的話，育幼院一樣開不成。可是，從來沒有人向高江的居民說明，那六個起降場是魚鷹式傾轉旋翼機專用的起降場。結果，魚鷹式傾轉旋翼機已經在當地飛行了，飛行高度低到連駕駛員的表情都看得一清二楚。劇烈的噪音和震動，已經造成當地居民身體不適，你們有聽過這麼荒唐的事情嗎？**請各位想像一下，如果你們家附近有這種東西，你們作何感想？**」（網路記者大袈裟太郎）

02 一根據一九九六年十二月的「SACO 最終報告」（SACO 協定）所做的說明。（譯註：SACO=Special Action Committee on Okinawa，沖繩特別行動委員會。）

高江的「越南村」（沖繩縣公文書館）

日本航空法規定，航空機具在人口密集的區域，飛行高度必須距離最高的建築物三百公尺以上；在非人口密集的區域，必須飛在距離地面一百五十公尺以上的地方。

不過我們第一章也有提到，美軍軍機不受航空法的最低高度規定限制。在美軍的訓練教範裡，魚鷹式傾轉旋翼機（MV-22）的訓練最低高度是六十公尺。而在高江聚落，比六十公尺更低的超低空訓練已經成為家常便飯。

最嚴重的問題是，為什麼新的魚鷹式傾轉旋翼機起降場，要蓋在高江聚落周圍呢？理由是**美軍把高江的居民和住宅，當成標的來進行軍事訓練**。

單就這一點，也許不少人會認為我胡說八道、誇大不實。

然而，這對當地人來說，卻是無可否認的事實。

過去在琉球朝日放送擔任主播的電影導演三上智惠，多年來研究採訪這個問題，以下是她的證詞：

「還沒有魚鷹式傾轉旋翼機的時候，高江就是美軍直升機的低空飛行訓練標的了。機上人員會打開窗戶，看著底下的居民，盤旋在比電線杆還要高一點的地方。之前還有居民被機上的士兵拿槍指著，雙方的距離很近，連士兵的表情都看得到。」

◎高江的「越南村」

過去在越戰時代，高江聚落也有一段辛酸的歷史。

請各位看右頁的照片，那是一九六四年沖繩被美軍占領的時候，美軍在高江聚落建造的軍事演習設施「越南村」，主要用來進行越南的游擊戰訓練。

小丘上還有一個類似「貴賓席」的場所，美軍幹部在上面俯視「越南村」的軍事演習，而**在底下扮成越共的正是高江聚落的居民**（電影〈標的村落〉〔標的の村〕，三上智惠導演拍攝，二〇一二年上映）。

「這種訓練（模擬游擊戰）徵用了大約二十人，其中還有帶著嬰幼兒或五、六歲孩童的婦女，這些人在游擊戰中扮演南越的部落居民。一個海軍陸戰隊中隊，必須穿越森

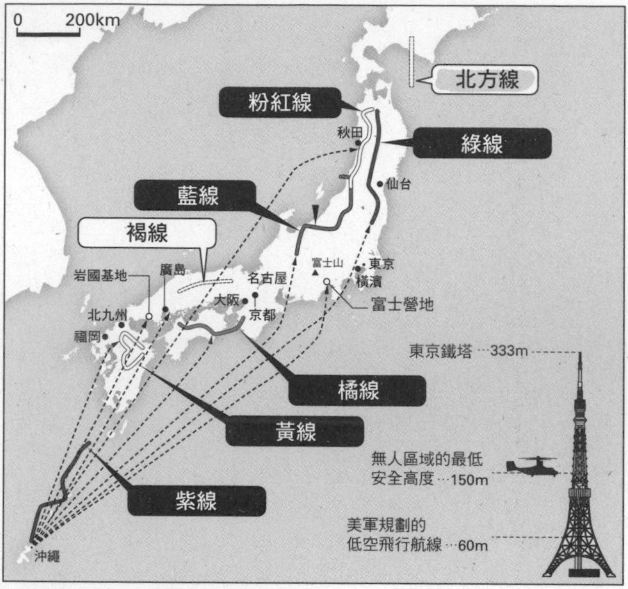

圖十 魚鷹式傾轉旋翼機的航線

林和草叢中的陷阱，攻入『越共』躲藏的部落，執行殲滅〔敵軍〕的任務。」（摘錄自「人民[3]」，一九六四年九月九日發行）

◎日本全境都有美軍的軍事演習

有些人可能會想，這都是以前沖繩被占領時發生的事情，和我們有什麼關係啊？

對我們這些每天接收軍演訊息的人來說，我只能說這種想法太過樂觀了。

上圖是沖繩普天間基地的魚鷹式傾轉旋翼機，飛往日本的六大低空飛行訓練航線（黑底白字的名稱就是了）。

如果美軍只用沖繩進行軍事演習，

何以日本全境會有這樣的訓練航線？魚鷹式傾轉旋翼機又怎麼會在那裡進行低空飛行？

在正式配置魚鷹式傾轉旋翼機之前，這張圖是美軍（海軍陸戰隊）製作的官方資料（二○一二年公布）。

這些低空飛行訓練航線，可不是專為魚鷹式傾轉旋翼機設計的。**美軍一直以來都在日本境內實施軍事演習，只是我們日本人不知道罷了**。

那麼，美軍為什麼一直進行低空飛行訓練？他們的用意是要在地面設定標的，進行空對地的攻擊訓練。

「根據幾份美軍軍機的事故報告書，低空飛行訓練是對地攻擊（攻擊敵方地面部隊或地面設施）訓練的一部分。也就是沿著地形（低空）飛行，躲避敵方雷達偵測，在目的地前方急速上升，再實施俯衝轟炸。這就是戰機低空飛行訓練的真相。」

（「RIMPEACE[4]」官網）

03—譯註：沖繩人民黨興辦的刊物。

04—譯註：專門追蹤駐日美軍一舉一動的網站。

魚鷹式傾轉旋翼機（PIXTA 提供）

現在高江聚落的居民，每天都在親身體會這個真相，美軍軍機的低空飛行訓練，一向是有具體「目標」的訓練。

◎魚鷹式傾轉旋翼機的事故發生率

魚鷹式傾轉旋翼機未來一定會在本土引發嚴重的問題，這種飛機沒有用於轟炸，卻也不是單純的運輸機。在遙遠的紛爭地帶，這種戰術運輸機專門運送士兵和各種武器，來鎮壓敵方的據點。

可是，魚鷹式傾轉旋翼機在構造上有嚴重缺陷，美軍的事故報告書中也有載明這一點。

美國海軍陸戰隊在阿富汗使用的十二種航空機具中，魚鷹式傾轉旋翼機的事故紀錄高到難以置信的地步，幾乎是平均的四十一倍（摘錄自「海軍陸戰隊航空機具阿富汗事故報告書（美國會計年度二〇一〇年到二〇一二年）」美國海軍安全中心發行）。

二〇一二年以後，這麼危險的魚鷹式傾轉旋翼機，在沖繩的普天間美軍基地配置了二十四架，這件事本土也有大幅報導。**然而，現在這些魚鷹式傾轉旋翼機，已經飛到關東的橫田基地、厚木基地、富士演習場，持續進行低空飛行訓練了，而我們完全被蒙在鼓裡。**

二〇二〇年以後，更危險的空軍規格魚鷹式傾轉旋翼機（CV-22），會有十架配置在東京西部的橫田基地。

魚鷹式傾轉旋翼機是備有兩個大型螺旋槳（旋翼）的特殊運輸機。機上的螺旋槳在起降時，可以和直升機一樣朝上（參照右頁圖），水平飛行時則和一般的飛機一樣往前。因此，魚鷹式傾轉旋翼機有一般飛機的速度和續航力，又能和直升機一樣，在沒有跑道的地方垂直起降，是美軍夢寐以求的最新軍用機。

設計構想本身很優秀，但實際上完全是構造有缺陷的機體。安定性對飛機極為重要，尤其螺旋槳更需要安定性，頻繁變換角度的螺旋槳在構造上太過脆弱，並不適用於軍用機。

所以，魚鷹式傾轉旋翼機每飛行一段時間都會發生事故。剛才提到的美軍事故報告書還曾記載，在阿富汗用於實戰的海軍陸戰隊航空機具，平均飛行三千七百四十七小時（相當於五個月）才會發生一次事故。而魚鷹式傾轉旋翼機（MV-22）飛行九十小時（相當於四天）就會發生一次事故。

◎魚鷹式傾轉旋翼機已經在日本上空到處飛

魚鷹式傾轉旋翼機在世界各地都有事故發生，在日本第一次發生的墜機事故，不意外是在沖繩發生的。

二〇一六年十二月，邊野古對岸有一個叫安部的海岬，一架訓練中的魚鷹式傾轉旋翼機墜落在該地淺灘，嚴重損毀。

事後調查發現，這架魚鷹式傾轉旋翼機十月飛往橫田基地（東京都），十一月飛往東富士演習場（靜岡縣），十二月上旬飛往岩國基地（山口縣）進行訓練。十二月十三日晚上，在沖繩進行空中加油的訓練時墜落。

據說，墜落的原因是輸油管接觸到巨大螺旋槳（旋翼），但沒有人知道實際訓練是在哪個區域的上空進行的。也有人說，其實美軍不是在進行加油訓練，而是用夜視裝置進行夜間的超低空飛行訓練。

美國方面也曾流出一則未確認的消息，機上似乎有一名駕駛員死亡。簡單說，關於事故的原因和真相，完全沒有任何確切的資訊。

唯一肯定的是，現在魚鷹式傾轉旋翼機從日本的美軍基地升空，在日本全境進行危險的空中加油訓練，以及夜間的超低空飛行訓練。魚鷹式傾轉旋翼機的優點是續航力，只要在空中加油，就可以從日本頭飛到日本尾，實施各項軍事演習，中間不需要停下來。而這樣的訓練從五年前就開始了。

◎萬一在首都圈墜落會怎麼樣

前面已經說過，二〇二〇年以後，東京橫田基地也會配置魚鷹式傾轉旋翼機，進行正式的低空飛行訓練和空中加油訓練。到時候，首都圈發生墜落事故也不足為奇，萬一真的發生墜落事故，到底會怎麼樣呢？

二〇〇四年，美軍直升機在沖繩國際大學發生墜落事故；二〇一六年十二月，魚鷹式傾轉旋翼機在邊野古對岸發生墜落事故，兩起事故的後續發展都一模一樣。

兩次墜落現場的周圍，都被美軍用黃色布條（上面寫英文字）封鎖起來，日本人一律不得進入。外面的日本警察也要幫忙拉起封鎖線（上面寫漢字），禁止不相關的人士進入。日本的知事、市長、外務官僚，誰也不得進入美軍封鎖線內。唯有日本的警察在美軍的許可下才能接近現場，這種景象簡直和殖民地沒兩樣了。

除非美軍處理完事故離開現場，否則封鎖線是不會拆下來的。想當然，美軍帶走的事故物證，也絕不會交給日方。

◎密約的「破壞力」

相信各位都知道什麼叫治外法權。

這是指在其他國家生活，不受該國法律制裁的權利。大使館或外交官都有這樣的特權，這樣才可以代表自己的國家行動和發言，不受該國檢警打壓。

不過，戰前有一種很常見的現象，就是戰敗的國家把領土的一部分「租借」出去，其他國家在那個區域享有治外法權，這是非常嚴重的事情。當國內有一塊土地不受法律約束，接下來主權就會受到侵害，危及到國家的獨立自主。

所以，世界各國無不拚死抵抗。

偏偏只有日本這個國家，**戰敗都經過七十年以上了，美軍在全境還是擁有治外法權**。這一點從美軍直升機或魚鷹式傾轉旋翼機墜落一事，就能看出端倪。

我知道，一定會有人嗆我胡說八道。

然而，這是有確切根據的事實。後面我會介紹美日聯合委員會這個祕密會議，美日兩國在會中達成了以下密約：

「日本當局無論在任何地方，都不會對美軍財產行使搜索、扣押、調查的權利。」

（摘錄自美日聯合委員會官方議事錄，一九五三年九月二十九日）

◎美軍在日本全境享有治外法權

這種「檯面下的規範」，就和我們第一章提到的航空法特例法一樣，單單一條就足以破壞日本國內的法規。

一般人平時不習慣閱讀法律文件，所以很有可能忽略當中的重要訊息，其實這是一條非常嚴重的協定。

別的不說，如果美軍財產（例如航空機具或車輛等等）發生事故，日本的檢警也不得出手調查。

這太奇怪了對吧？奇怪的還不只如此，文中那一句「無論在任何地方」也很詭異。

如果改成「日本當局在美軍基地內（不碰美軍財產）」，那還可以理解。這就好比日本國內其他國家的大使館領地般，形同美軍基地內也有治外法權。儘管兩者的規模無法相比，但至少還在可理解的範圍內。

不過，條文卻寫日本檢警在「國內任何地方」，皆不得搜查或扣押美軍財產，也無法調查事故現場。

這不就是說，美軍在日本全境享有治外法權嗎！

因此，美軍在日本境內引發飛航或交通事故，造成日本人傷亡，日本檢警也沒有權利進入美軍擅自拉起的封鎖線，調查物證或事故發生的原因。

這麼奇怪的國家，全世界再也找不到第二個了。

第三章——日本無國境

菲律賓先生
美軍只能在菲律賓境內的二十三個地點設立基地。
原為美國殖民地
其他地方絕對不可以！
美菲軍事基地協定（一九四七年簽訂）
伊拉克叔叔
伊拉克國內的美軍，不得跨越國境攻擊周邊國家！
與美軍作戰，一個月就輸到脫褲
絕對不行！
美伊地位協定（二〇〇八年簽訂）
日本美眉
歡迎你們在日本各地設立基地喔！
美日行政協定（一九五二年簽訂）
美日地位協定（一九六〇年簽訂）
請隨意跨越國境進行軍事活動吧！
日本很好客喔!!
太傻了吧！
腦子進水？

前面我們已經看過，「戰後日本」這個國家荒謬的現狀了。我大概花了七年的時間，和許多專家學者共同研究，試圖破解這當中的玄機。

為什麼日本會如此荒謬呢？這背後又隱藏著什麼樣的黑暗歷史……。

我先把自己撰寫或企劃的書籍，按照發行順序排列一下：

《沖繩人都知道，只有本土人不知道的事實（本土の人間は知らないが、沖縄の人はみんな知っていること）》（矢部宏治著，書籍情報社發行）

《戰後史的真相（戦後史の正体）》（孫崎享著，創元社發行）

《比憲法更重要的「美日地位協定入門」（本当は憲法より大切な「日米地位協定入門」）》（前泊博盛編著，矢部宏治合著，創元社發行）

《細究法治國家崩壞（検証・法治国家崩壊）》（吉田敏浩、新原昭治、末浪靖司合著，創元社發行）

《日本為何無法廢除「基地」和「核能發電」（日本はなぜ、「基地」と「原発」を止められないのか）》（矢部宏治著，集英社 International 發行）

《不打仗的國家，明仁天皇的訊息（戦争をしない国　明仁天皇メッセージ）》（矢部宏治著，小學館發行）

《日本如何成為「有能力戰爭的國家」（日本はなぜ、「戦争ができる国」になったの

か）》（矢部宏治著，集英社 International 發行）

《美日聯合委員會研究》（吉田敏浩著，創元社發行）

我汲取這八部著作的精華，寫成了各位手上的這一本書。

如果有人問我，如何用簡短的一句話，總結這些著作的研究成果？

我的答覆是，**請看舊安保條約的第一條，上面有一切的答案**。

◎閱讀「條文」的樂趣

不習慣閱讀條文的人，很難理解當中的內容，可能就連理解一句話都有困難。

相信不少人都會打退堂鼓，根本啃不下去對吧？

不過，習慣以後就會發現不少樂趣。

閱讀條文的樂趣在於，光是看懂一則條文，就能看穿十分重大的現象。

這和研究公式有異曲同工之妙。

本書的第一章和第二章結尾，曾介紹下面兩條非常嚴重的法律和密約，這都是在我們不知情的狀況下締結：

○讓美軍支配日本空域的「航空法適用除外條款」（詳見第一章）

○讓美軍在日本全境享有治外法權的「美日聯合委員會密約」（詳見第二章）

想必各位憤慨之餘，也感到相當訝異吧，原來這些荒謬透頂的現實，可以用這麼有條理的方式進行歸納統整。

美日之間存在許多類似的「公式」（非公開的法律協定），追本溯源都來自於「舊安保條約的第一條」。

◎「舊安保條約第一條」

那我們來看看，這到底是一條什麼樣的條款，舊安保條約的第一條內容如下：

「和平條約暨安保條約生效時，日本承認美國有權在日本國內和周邊布署美軍，而美國也接受這項權利。」（作者摘譯前半段英文）

日本為了恢復主權獨立，簽訂了和平條約（舊金山和約）和舊安保條約，這兩大條約都是在一九五一年九月簽署，於一九五二年四月生效。

從那個時候起，日本就給予美國非常大的軍事特權。這裡要請各位注意的是，日本在舊安保條約最重要的「第一條」中，承認了下列特權：

「美國有權在日本國內和周邊布署美軍。」

◎布署美軍的權利

這一句話到底是什麼意思呢，我們先來解析「布署的權利」。

在這項條約中，日本承認的不是美國「設立基地的權利」，而是「布署美軍的權利」。這種用詞在普通的條約中是絕對看不到的。

我們日本人在這方面幾乎是麻痺了，但從普世的觀點來看，自己的國家有外國軍隊駐留本身就是很詭異的事情。光看這一點，就稱不上主權獨立的國家了。

就算不得不讓外國軍隊駐留，也應該盡可能用條文約束外國軍隊的權利，否則國家主權會受到侵害。日本人必須先搞清楚，這是非常危險的狀態。

各位看看菲律賓，菲律賓在二次大戰以前還是美國的殖民地，看看他們戰後如何和美國簽訂基地協定，就知道這件事有多嚴重了。

一九四七年簽訂的「美菲軍事基地協定」（一九九一年失效），規定美軍只能在菲律賓境內的二十三個地點設立基地，所有地點都有明文記載。

然而，日本沒有限制美國在特定場所設置基地，美國可以在任何地方「布署」美軍，**這又稱為「全境基地方式」**。

沒聽過這個字眼的讀者，或許難以置信吧。不過，這是我們長年研究沖繩問題後，印證出來的事實。

◎「安保法體系」的三層構造

我在「前言」也有說過，美國能在日本的任何地方設置美軍基地，而日本實際上無法拒絕這些要求。

這種現狀是舊安保條約的第一條造成的。

況且「美國有權布署美軍」這句話的意思，不只是「能在任何地方設置基地」，同時也代表美國能以基地為據點，任意採取軍事行動（戰爭或演習）。

根據舊安保條約的第一條，美軍在日本境內，不必遵守日本憲法和國內法，可以任意進行下列活動：

一、在任何地方設置基地。
二、任意採取軍事行動。
而且，還有法治上的系統保障他們的這些權利。
下一頁會講到這種法治系統的構造。
這三層架構分別為「舊安保條約」→「行政協定」→「美日聯合委員會」。
「安保法體系」便是由這三者構成（所謂的「行政協定」是指在「舊安保條約」之下，美軍在日本國內擁有的特權協定。自一九五二年四月占領結束時生效，一九六〇年安保改定後變更為「地位協定」）。

◎沒有國境的日本

「舊安保條約第一條」當中還有一個重點，那就是美國有權「布署」軍隊的場所，遍及「日本國內和周邊」（in and about Japan）。
我一開始讀到條文時，也感到很不可思議。容許美軍布署在日本周邊？國外的事情日本哪有權力決定啊？
不過，當我研究第一章介紹的「橫田空域」以後，終於明白這句話真正的意思了。
請各位看六二頁圖十一，日本的首都圈有橫田、座間、厚木、橫須賀這幾個基地。這四

◎安保法體系的三層架構

（一九六〇年安保改定以後，只有條文的表達方式略有更動，實際上在「新安保條約」+「地位協定」+「美日聯合委員會」的三層架構中，依舊是不平等的安保體系。）

舊安保條約

「美軍有權在日本布署美軍。」

（舊安保條約・第一條前半）→（新安保條約・第六條前半）

「其布署內容取決於行政協定。」

（舊安保條約・第三條）・（新安保條約・第六條後半）

⇩

行政協定

「為遂行安保條約・第一條，日本有義務提供必要的基地設施，具體內容由美日聯合委員會裁定。」

（行政協定・第二條）→（地位協定・第二條）

「美國在美軍基地中擁有絕對權限，在美軍基地外也有必要的權限。具體內容由美日聯合委員會協議。」

（行政協定・第三條）→（地位協定・第三條）

「所有具體協議，皆由美日聯合委員會商討。」

（行政協定・第二十六條）→（地位協定・第二十五條）

⇩

美日聯合委員會

「美日聯合委員會的議事錄和協定文件，原則上不公開。」

（第一次美日聯合委員會祕密協定，一九六〇年六月達成協議）

「美日聯合委員會裁定的美日協定，無須經過日本國會同意。」

（安保改定交涉時立下的祕密協定，一九五九年四月達成協議）

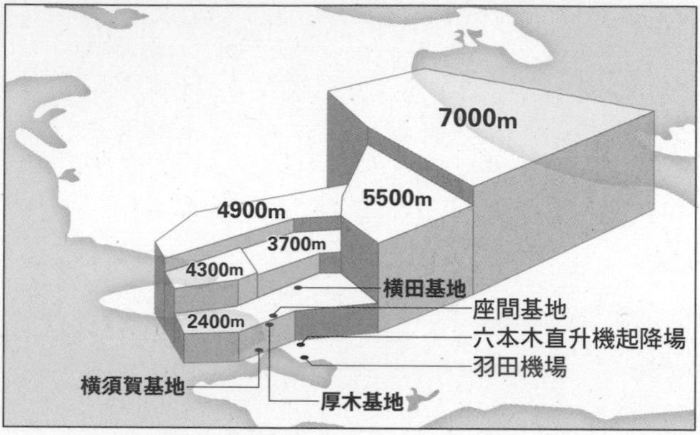

圖十一 橫田空域和首都圈的美軍基地

個和沖繩基地一樣大的美軍基地，就圍繞著首都東京。

從太平洋海面到這些基地的上空，都在「橫田空域」的範圍下。

所以美軍與其相關人士，無須經過日本政府查核，就能隨時降落首都圈的美軍基地。

降落以後，美軍人士離開基地「入境」日本，也不必接受日方查核。比方說，抵達橫田基地的美軍相關人士，只要搭乘軍用直升機，二十幾分鐘即可抵達東京中央的六本木軍事直升機起降場（詳見七七頁）。

換言之，對美軍和美軍相關人士來說，日本是一個「沒有國境的國度」。再看「舊安保條約第一條」當中寫到，美國有權在日本國內和**周邊**布署美軍，意思就是「美軍有權利自由跨越日本國境採取軍事行動」！

◎憲法第九條的疏漏

二〇〇三年爆發伊拉克戰爭，戰後美國和伊拉克簽下「美伊地位協定」（二〇〇八年），我看了條文以後，才知道日本給予美國的特權有多荒唐。

二〇〇三年三月，伊拉克和美國開戰，但幾乎沒打幾場像樣的戰鬥，短短一個月內就被美軍占領全境了。可是，伊拉克戰敗後和美國交涉，展現了令人敬佩的韌性，甚至要求美國修改地位協定草案中的一百一十處條文。

其中最重要的修定之一，就是增加下面這一條文：

「駐留伊拉克的美軍，不得跨越伊拉克國境攻擊周邊國家。」

我到現在還記得，自己讀到這一條有種茅塞頓開的感覺。

「了不起，伊拉克竟然有辦法讓美國同意這一條。那為什麼日本有憲法第九條，卻辦不到這一點呢？」

閱讀其他國家的軍事協定，不難發現主權獨立的國家，都會嚴格限制「其他國家的軍隊跨越自家國境的權利」。

伊拉克在戰爭中慘敗，只剩下殘破的國家體制，但他們依然堂堂正正地提出「主權國家該有的公義」，而且還讓美國同意，那些伊拉克外交官值得大家讚揚。

相對地，我們日本人必須深切反省才行。

有些人誇讚日本憲法第九條，說那是足以獲得諾貝爾和平獎的條文，我在看到伊拉克的地位協定以前，對此也不表示反對。

不過，在我讀完伊拉克的地位協定以後，我才知道這樣的主張有多麼背離現實。**因為我們日本人坐擁憲法第九條，卻給予全世界最愛戰爭的美軍下列兩大權利：**

一、在國內自由設置基地的權利。

二、從基地飛越國境，對其他國家發動戰爭的權利。

◎安保條約中沒有「駐日美軍」的概念

還有一點很重要。

過去我們從國內的角度，看不清「駐日美軍」的衝擊性本質。現在我們已經知道，舊安保條約的第一條，給予美軍自由設置基地的權利，以及自由跨越國境攻擊別國的權利。對於駐日美軍的本質，也就看得一清二楚了。

最令人意外的是，**在安保條約和地位協定中**，沒有「**駐日美軍**」這樣的概念。這些條約和協定適用的對象，僅限於「在日本國內的美軍」，外務省本身也承認了（《美日地位協定的思維・增修版》）。

簡單說，在安保條約和地位協定的約束下，日本持續提供特權的對象，不光是「駐留在日本基地中的美軍」。還包括了「暫時前來日本基地的美軍」，以及「通過日本領空和領海的美軍」。等於所有的美軍都享有特權。

意思是，就算美國出兵只為自身利益，不為保護日本，只要他們「存在」於日本領土或領空之中，安保條約和地位協定就會賦予他們極大的特權。

從這一點來思考，不難發現美日安保條約的本質，不在於「保衛日本」，而是美軍對「日本國土的軍事利用」。

◎小田實的觀點

早在半世紀之前，作家小田實就已經洞悉「日本無國境」的事實了。

一九六三年，他發表一篇「國境感麻痺」的散文。

自韓戰爆發以來，對駐日美軍來說日本與韓國幾乎是沒有國界的，短短幾個小時就可以互相往來。在他們眼中日本與韓國的差異在於，日本是後方基地，韓國則是前線戰地。連美國政府相關人士都有這樣的認知，不是只有軍方獨有。

「對那些前來（日本）洽公的人來說（中略），日本、南朝鮮（韓國）、臺灣毫無區別，總有一天都會成為日本的一部分。（中略）事實上，我遇過的美國人（政府相關人士），並不認為日本、南朝鮮（以及臺灣）是不同的國家。」（《中央公論》一九六三年六月號〈美國打造的另一個日本〉）

真不愧是暢銷書《洞察一切》（河出書房新社於一九六一年發行）的作者，他後來也曾參與反越戰運動。不管是過去或現在，一般人都沒有注意到「日本無國境」的事實，他卻看得一清二楚。

◎「國內與周邊」真正的意思

最近我剛好讀到小田實的散文，他的真知灼見幾乎令我拍案叫絕。主要原因是，我想起自己幾年前研究舊安保條約第一條的往事。也就是前面提到的，美國有權在日本國內和周邊布署美軍這一條。

誠如前述，這很顯然是「喪失主權的條款」，世界上沒有其他國家簽下同樣的協定。頂多只有前面提到的韓國和臺灣（中華民國），曾和美國簽訂一樣的條約，給予美國「在國內和周邊布署美軍的權利」。

美韓共同防禦條約．第四條（一九五三年簽訂）

「韓國承認美國有權在大韓民國境內和周邊布署美軍，而美國也接受這項權利。」（摘錄部分條文）

中美共同防禦條約．第七條（一九五四年簽訂）

「中華民國承認美國有權在台澎各島和周邊布署美軍，而美國也接受這項權利。」（摘錄部分條文）

◎亞洲保有的冷戰勢力結構，其實就是美日韓的軍事從屬關係

如下頁圖十二所示，日本、韓國、臺灣這三個國家的國境（領海）是相連的。

美國在這三個國家，都擁有「跨越國境布署軍隊的權利」，這意味著緊鄰俄羅斯（當時的蘇聯）和中國的歐亞大陸東岸地區（圖中塗黑的部分），是美國的「特權軍事行動區域」，

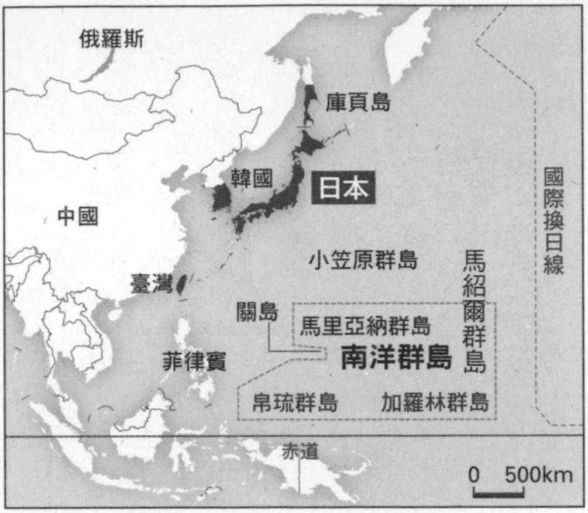

圖十二 國境相連的日本、韓國、臺灣

美軍可以不受任何管制採取軍事行動。

一九七九年美國與中華人民共和國建交，臺灣與美國斷交，中美共同防禦條約也就在那一年失去效力（但美國又在同一年制定「臺灣關係法」）。

可是除去臺灣以後，在這張地圖的日本和韓國領土上，美國依然擁有「自由跨越國境攻擊他國的權利」。

蘇聯解體已經二十六年，臺灣南邊的菲律賓，大型美軍基地也裁撤了二十五年。全世界冷戰時期的軍事同盟，幾乎都看不到了。

那麼，為何亞洲依舊保有冷戰時期的勢力架構呢？最大的原因就是美、日、韓這三個國家扭曲的軍事從屬關係，日本和韓國依舊處於美國的軍事支配之下。

第四章——國家的首腦是「美軍＋官僚」

美日聯合委員會，每個月舉辦兩次的愉快會議～♪
從橫田基地搭乘軍用直升機。
前往六本木直升機起降場。
再搭車前往南麻市的美軍中心，大約五分鐘車程。
美方與會成員幾乎都是軍人，日方則是超菁英官僚。
日本官僚什麼都聽我們的，真輕鬆啊。
這委員會都超過六十年了，大家都是好伙伴嘛。
會上決定的事情，什麼都能做，不必管日本國會或憲法。
嗯？有人在生氣耶？
駐日公使施奈德
軍人和其他國家的官僚直接達成協定，甚至還下達指示……
這種占領時建立的「異常關係」應該立刻終止！
美日聯合委員會這個組織，連美國外交官都看不下去了，日本人應該更加憤怒才是。

書本是一種很不可思議的東西，通常作者在書中列出自己認為很重要的內容，但讀者感興趣的都是一些特定的要點。

看了那些讀者的反映以後，我才發覺自己寫的書籍，真正的核心是讀者關注的地方。

在我過去撰寫的書籍中，大家最關心的莫過於第一章提到的「橫田空域」，以及這一章要介紹的「美日聯合委員會」。

其實仔細想想，這也是很理所當然的事情。

日本的那些超級菁英官僚，每個月會在首都的美軍基地中，和駐日美軍的高層進行兩次祕密會議，而且會上決議的事項無須向國會報告，也沒有對外公開的義務，更不必受到任何監督。換言之，**這個祕密會議的地位，超越日本的國會和憲法**。

如果幾年前有人告訴我這件事，我一定會覺得那傢伙腦子有病，要離他遠一點，或是笑他滿腦子陰謀論。

可是現在已經有很多人知道，這種形同「陰謀論」的地下世界確實存在。

那就是美日聯合委員會。

◎美軍的「遙控裝置」

記者吉田敏浩是研究美日聯合委員會的翹楚，他對美日聯合委員會的形容如下：

「那是美軍的遙控裝置，幫他們在『戰後日本』維持占領期的特權。」

過去美軍占領日本的時代，權力是沒有上限的。他們可以任意行動，不必遵守日本的國內法規。美軍在任何地方都能設立基地，在任何時候都能舉行軍事演習。即使在日本殺人或傷人，也不會被問罪。

日本獨立以後，美軍想透過「表面上」的地位改善，繼續保有那種無比的特權——而美日聯合委員會，就是他們在「戰後日本」留下的遙控裝置，用來實現保有特權的慾望。

左頁的圖十三，是美日聯合委員會的組織圖。

美日聯合委員會位於組織的頂點，日方有六人出席，美方則有七人。通常每個月召開兩次會議，從隔週的禮拜四上午十一點開始。日方代表擔任議長時，就在外務省的設施開會；美方代表擔任議長時，就在美軍基地裡的會議室開會。

二〇一六年十二月六日播放的新聞節目「報導 STATION」，就曾拍到美軍相關人士陸續抵達南麻布美軍設施（新山王美軍中心）的畫面。他們在禮拜四的上午十一點前，從橫田基地搭乘軍用直升機，降落六本木的美軍基地（六本木直升機起降場），之後轉往南麻布的美軍設施。

圖十三 美日聯合委員會組織圖 二〇一二年二月組織圖

※「代表」和「議長」，是指日方代表和議長。

美日聯合委員會

日方代表
- 外務省北美局長

代理代表
- 法務省大臣官房長官
- 農林水產省經營局長
- 防衛省地方協力局長
- 外務省北美局參事官
- 財務省大臣官房審議官

美方代表
- 駐日美軍司令部副司令官

代理代表
- 駐日美國大使館公使
- 駐日美軍司令部第五部長
- 駐日美國陸軍司令部參謀長
- 駐日美國空軍司令部副司令官
- 駐日美國海軍司令部參謀長
- 駐日美國海軍陸戰隊基地司令部參謀長

- 氣象分科委員會
  - 代表：氣象廳長官
- 基本勞務契約、船員契約紛爭處理小委員會
  - 代表：法務省大臣官房審議官
- 刑事裁判管轄權分科委員會
  - 代表：法務省刑事局公安課長
- 契約調停委員會
  - 代表：防衛省地方協力局調度官
- 財務分科委員會
  - 代表：財務省大臣官房審議官
- 設施分科委員會
  - 代表：防衛省地方協力局次長
  - 海上演習場部會
    - 議長：水產廳漁政部長
  - 建設部會
    - 議長：防衛省大家協力局地方協力企劃課長
  - 港灣部會
    - 議長：國土交通省港灣局長
  - 道路橋梁部會
    - 議長：國土交通省道路局長
  - 陸上演習場部會
    - 議長：農林水產省經營局長
  - 設施調整部會
    - 議長：防衛省地方協力局地方調整課長
    - 議長：防衛省地方協力局沖繩調整官
  - 設施整備、移設部會
    - 議長：防衛省地方協力局提供設施課長
  - 沖繩汽車道路建設調整特別作業班
    - 議長：防衛省地方協力局沖繩調整官
  - SACO 實施部會
    - 議長：防衛省地方協力局沖繩調整官
- 頻率分科委員會
  - 代表：總務省綜合通信基礎局長
- 出入國分科委員會
  - 代表：法務省大臣官房審議官
  - 檢疫部會
    - 議長：外務省北美局美日地位協定室輔佐
- 調度調整分科委員會
  - 代表：經濟產業省貿易經濟協力局長
- 通信分科委員會
  - 代表：總務省綜合通信基礎局長
- 民間航空分科委員會
  - 代表：國土交通省航空局交通管制部長
- 民事裁判管轄權分科委員會
  - 代表：法務省大臣官房審議官
- 勞務分科委員會
  - 代表：防衛省地方協力局勞務管理課課長
- 航空機具噪音對策分科委員會
  - 代表：防衛省地方協力局地方協力企劃課長
- 事故分科委員會
  - 代表：防衛省地方協力局補償課長
- 電磁干擾問題特別分科委員會
  - 代表：防衛省地方協力局地方協力企劃課長
- 車輛通行分科委員會
  - 代表：國土交通省道路局長
- 環境分科委員會
  - 代表：環境省水資源、大氣環境局總務課長
- 環境問題協力特別分科委員會
  - 代表：外務省北美局審議官
- 美日聯合委員會協議重審特別分科委員會
  - 代表：外務省北美局地位協定室長
- 刑事裁判手續特別專家委員會
  - 代表：外務省北美局審議官
- 訓練移轉分科委員會
  - 代表：防衛省地方協力局地方調整課長
- 事件、事故通報手續特別作業部會
  - 代表：外務省北美局美日地位協調室長
- 事故現場協力特別分科委員會
  - 代表：外務省北美局審議官
- 駐日美軍再編統籌部會
  - 代表：外務省北美局美日安全保障條約課長、防衛省防衛政策局美日防衛協力課長

◎駐日首席公使抗議美日聯合委員會

美日聯合委員會最詭異的地方在於，參與會議的日方成員，以及底下超過三十個分科部會的成員，都是日本的菁英官僚；但美方的成員都是軍人，唯有一人除外。

美方唯一非軍人的成員，是美國大使館的公使，也就是外交官。有趣的是，過去美方公使曾數度批判美日聯合委員會這個組織。

其中最有名的，是負責交涉沖繩歸還事宜的施奈德首席公使。他認為美國軍人不該和日方官僚進行協議，甚至對他們下達指示，美日聯合委員會的做法是錯誤的。

施奈德還向自己的上司，也就是駐日大使報告過。

他說，**這種做法太不正常了**。

他的不滿是其來有自的，不管在世界上的哪一個國家，最先和對方政府交涉的都是大使或公使這一類的外交官。雙方談妥後，才會把內容傳達給軍人，這是民主國家的原則，又稱為「文人領軍」。

也難怪施奈德會有強烈的不滿。

「本來美軍的問題，應該由駐紮國〔日本〕的官僚，以及美國大使館的外交官處理，就和其他的國家一樣。」

六本木直升機起降場（左）
新山王美軍中心（下）
（攝影：須田慎太郎）

從六本木直升機起降場到新山王美軍中心的路程（兩公里左右）

「然而，日本的美日聯合委員會並非如此。**因為過去美軍占領日本的時代，美國大使館尚未存在，美軍和日本官僚產生了不正常的直接關係，而這個關係始終沒有結束。**」（「摘錄自美國對外關係文件集 *Foreign Relations of the United States*」〔以下簡稱 FRUS〕，一九七二年四月六日）

◎日本是「半主權國家」

美軍和日本官僚的協議機構，連美國外交官都說「這是占領時產生的異常關係」了。那麼美日聯合委員會究竟是如何產生的？

詳情留待本書後半再來介紹，但追本溯源，在占領期結束的前兩年，也就是一九五〇年初的時候，美國軍方堅決反對讓日本獨立。理由是美國和中蘇間的冷戰即將開打。

如果美國政府非要讓日本恢復主權，只能採取下列兩種模式（摘錄自美國對外關係文件集〔FRUS〕一九五〇年一月十八日）：

一、**締結半和平條約，維持駐日美軍的法律地位**（美國陸軍副部長沃里斯〔Tracy Voorhees〕提案）。

二、在政治和經濟層面上，和日本簽訂「正常化協定」，**但在軍事層面上維持占領時期的體制**（亞太助卿巴特沃斯〔William Walton Butterworth〕用來說服軍方的方案）。

請各位仔細閱讀這兩項美軍的基本方針。

七年前，我開始採訪沖繩和本土的幾個美軍基地。我調查得越深入，越覺得這兩句話精準呈現了日本的現狀。

換言之，「戰後日本」回歸國際社會有以下三個前提：

一、駐日美軍的法律地位不變。

二、軍事層面上維持占領時期的體制。

三、半主權國家。

一九五二年成立的美日聯合委員會，就是維持這個體制的政治機構，同時不讓日本國民瞭解「真相」。

因此，會上達成的協議不需要國會認可，也沒有公開的義務，有時候甚至還凌駕憲法的規定。美國的官方文件，已經承認美日間對此有協定了（詳見六一頁「安保法體系的三層架構」中的美日聯合委員會項目）。

◎「對美從屬」的骨幹

「對美從屬」是日本戰後最大的問題，我深入研究美日聯合委員會後，對這個問題也有相當程度的瞭解。

當然，美國不只在「軍事」層面占優勢，就連「政治」和「經濟」也一樣強勢。

可是，從剛才美國軍方提出的方針，我們可以知道在「政治」和「經濟」上的從屬，是一種「法律關係正常化以後才有的上下關係」。

這和「占領體制於法有據的軍事關係」，完全是不能類比的事情。

今後我們日本人要克服的最大課題，就是軍事層面上於法有據的從屬關係，這是「對美從屬」最根本的問題所在。

與其說這是「對美從屬」，不如說是「對美軍從屬」更為貼切。而且這種從屬不是精神上的從屬，而是在法理上被迫遵從的從屬。

這一點各位要搞清楚才行。

我個人也是經過一番調查，才找出美日聯合委員會這個關鍵。

發現問題的關鍵，讓我有種茅塞頓開的感覺。因為過去我看不清美日關係的本質，現在終於徹底明白。

◎起因是鳩山政權瓦解

二〇一〇年六月，民主黨的鳩山政權瓦解，我才開始調查沖繩的美軍基地問題。

前一年八月底的眾議院議員總選舉，鳩山首相實現了戰後首次「真正的政權輪替」，議會席次獲得史上最多的三〇八席。可惜他在普天間基地「遷移」的問題上失足，才短短九個月就被迫下台。

外國基地（普天間基地）設立在人口密集的地區，這擺明是一件很危險的事情。鳩山政權試圖把基地移到「沖繩縣外或國外」，卻遭到官僚、檢方、主流媒體的強烈批判，於是政權就這麼輕易瓦解。

對此我感到非常不解，便協同一位攝影師前往沖繩，拍攝本島內的所有美軍基地，製成一本導覽手冊。這就是我的起點，我開始研究採訪這本書中談到的問題。

◎密會隔天就遭到背叛

後來，我和前首相鳩山多次對談，向他請教那一段往事的前因後果。二〇一〇年的四月六日，可以說是鳩山政權邁向瓦解的分歧點。

在那之前，鳩山首相因預算編列問題而時多掣肘。到了四月，終於要處理一直懸而未決的普天間基地「遷移」問題了，鳩山首相曾答應美國，會在五月之前給出結論。

四月六日，鳩山首相從外務省和防衛省，各找兩名幹部到首相官邸進行祕密會談。他把自己思量已久的王牌「德之島遷移案」說出來，尋求這幾名幹部的協助。

「我請大家到官邸來，一起喝點小酒。酒酣耳熱之際，每個人都顯得很有幹勁，會談的氣氛相當不錯。其實最關鍵的地方是，與會成員要互相交換情報，又不能洩露給外人知道。這件事一旦傳出去，很有可能胎死腹中，所以我要他們特別留意保密。他們也答應我，大家就開開心心散會了，我對他們還抱有很大的期待，相信他們會不負所託呢。」（鳩山先生的發言「第八十回ＵＩ頻道」二〇一四年十二月八日）

沒想到隔天（四月七日）朝日新聞的頭版，就刊出了祕密會談的內容。

「我真的大受打擊啊。我把自己想要實踐的政策，告訴我最信任的人，結果馬上就遭到背叛。我知道這次交涉不能依靠他們了，顯然有人要破壞這個計劃。這個事實帶給我非常大的精神打擊。」（鳩山先生的發言「第八十回ＵＩ頻道」二〇一四年十二月八日）

仔細想想，這是非常不可思議的事情。儘管那些人是超級菁英官僚，但忤逆日本最有權力的首相，照理說還是有很大的風險。

然而，這種隔天馬上見報的背叛行為未免太大膽。有句話說「陽奉陰違」，這些人連花時間演戲都不肯。

他們的行動等於是在表明，自己絕不會聽從鳩山首相的命令。

「那時候的官僚，**宣誓忠誠的對象並不是選舉機制推舉出來的鳩山首相，而是其他不一樣的對象。**」

也難怪鳩山首相會如此感慨了。

◎「黑箱機構」

隨著美日聯合委員會的本質逐漸明朗，這起「事件」的背景也跟著水落石出。

美日聯合委員會的本質是一個協調機構，主要是讓美軍在日本的法規下，順利維持他們巨大的特權，例如從占領時代延續至今的基地使用權，以及治外法權等。簡單說這是過去占領時代，雙方在交涉舊安保條約時，為了私下處理「不能讓日本國民知道的協議」，所設計出來的「黑箱機構」。

因此美日聯合委員會上的協議，最終決定權都在美軍手上。在已經被發掘出來的非公開議事錄當中，也記錄了美軍交涉人員囂張的發言：

「這件事**美軍的上級司令官（美軍太平洋司令部[5]的司令）已經決定了，日本政府同不同意無關緊要。**」

另外第二章我們曾提到，二〇一二年普天間基地配置魚鷹式傾轉旋翼機，當時野田佳彥首相的發言也令日本民眾大為光火：

---

05 —— 譯註：後來改稱印太司令部。

「美軍配置魚鷹式傾轉旋翼機，這不是日方可以置喙的事情。」

事實上，野田首相只是道出法律上的現實而已。只要美方提出「我們要配置魚鷹式傾轉旋翼機」的通知，現在的日本政府在法理上沒有權力拒絕。

◎官僚宣誓忠誠的對象

美日聯合委員會已經成立超過六十年，日本在這樣的狀況下，經過許多困難的磋商，還是解決了一些基地的轉移和歸還的難題。

美日聯合委員會的成員，誠如七五頁的圖十三所示，是按照職缺遴選出來的。例如外務省由北美局長擔任，法務省由大臣官房長擔任，這些人都是走在菁英仕途上的官僚。對他們來說，自己的上司，以及上司的上司，都是「美軍與官僚」組織的一員，所以他們是不可能背叛委員會的。

其中，法務省派出的大臣官房長，之後有很高的機率當上檢事總長[6]。接下來第五章我們會談到，由於過去砂川事件[7]的判例，導致日本的最高裁判所[8]沒有發揮應有的功能。最高裁判所形同虛設，推舉檢事總長就只是掌握權力的手段，日本法治權力的頂峰，全被美日聯合委員會把持。

在這種系統化的權力架構中，雙方耗費漫長時間建構出來的協議，不希望被一個可能只有數月任期的首相推翻。

這才是他們真正的想法吧。

換言之，鳩山首相所言不差，日本高級官僚效忠的對象，的確不是日本首相。他們真正效忠的是美日聯合委員會，這個存在超過六十年的組織，由「美軍與官僚」組成的共同體。

06—譯註：日本檢察官的最高官吏，掌管所有檢查廳的成員。

07—譯註：去美軍要擴建立川基地，數名抗議群眾擅闖美軍基地，結果鬧上法庭。起初東京地方裁判所認為，美軍駐日缺乏正當性，因此判群眾無罪，卻在最高法院遭到駁回，等於間接承認美軍駐日的正當性。

08—譯註：相當於最高法院。日本的裁判所，有分最高裁和下級裁判所，下級裁判所包含高等裁判所和地方裁判所等等。以台灣來說，最高裁相當於最高法院，再下來就是高等法院，以及地方法院。

第五章——密約與潛規則掌控國家

一九六〇年
我們要建立對等的美日關係！要修改安保條約！
真不愧是岸首相！日本不是美國的從屬了！
可是背地裡……
美國大使麥克阿瑟
哈哈哈，岸和藤山很清楚，這次改定純粹是做做樣子而已。
我準備和他們締結密約，只改表面上的條文，內容依舊不變。
是的！日本乍看之下重拾往日的權利，但只要這個黃金方程式尚在，從占領時代延續至今的美軍基地問題，永遠不會有任何改變！
密約方程式
舊條約
=
新條約
+
祕密
密約

第四章曾寫道，美日聯合委員會這個「遙控裝置」的功能，是讓美軍在「戰後的日本」維持占領時的特權。

那麼，美軍在占領時究竟有什麼「特權」？歸納起來，最具代表性的是這兩項：

⑴ 美軍相關人士不受日本法律制裁的「裁判權」。

⑵ 美軍可以任意使用日本國土的「基地權」。

或許各位很難相信這個事實吧？

「在占領時期美國擁有這些特權還不足為奇，但總不可能持續到現在吧？」

你們會這樣想是理所當然的。

不過，要證明這個事實非常簡單。

◎為何美軍犯罪總會引起爭議

大家應該常在電視上看到美國大兵犯罪的新聞吧。

不過，許多人不瞭解的是，為什麼同樣的事情總是一再引發爭議。

記者只會講一些我們聽不懂的專有名詞，諸如第一裁判權或公務中等等，卻沒有說明犯人被逮捕的後續發展，到頭來我們什麼也不知道。

為什麼同樣的事件一再發生呢？主要是現在美日間的協議條文內容（「新安保條約＋地位協定」），和實際運用的協議內容有很大的差異。

換句話說，在密約的保障下，安保改定（一九六〇年）前的協議，亦即「舊安保條約＋行政協定」的內容依舊具有效力。所謂的改定只是字面上更改，但現實中的事件發展，誰也沒辦法說清楚。

這才是產生混亂的原因。

接下來，我會剖析這當中的玄機。

◎「逮捕罪犯要馬上交給美軍」

在最初的舊安保條約和行政協定中，對於美軍的兩大特權有明文記載：

1. 美軍相關人士不受日本法律制裁（裁判權）。
2. 美軍可以任意使用日本國土（基地權）。

先從裁判權談起，行政協定當中記載了下列條文：

「關於基地外的犯罪情事，日本當局**有逮捕美軍相關人士的權利，但逮捕以後要立刻交**

給美軍。」

（第十七條第三項（a）摘要）

意思是日本警察可以逮捕罪犯，但沒有拘留和審問罪犯的權利。

每次美軍相關人士犯罪，新聞只會講「第一裁判權」這些不知所云的廢話。其實我們只要知道，上述的條文依舊有效，就可以看清事件的本質了。

◎密約方程式

那麼，為何美日間會有這種不公平協議呢？

事情的原委如下。

關於裁判權，日本在即將獨立之前，曾和美國交涉行政協定。當時美國和歐洲各國早已簽署「北約締約國部隊之地位協定」。他們打算在該項協定生效後，仿效當中的內容和日本重新簽署行政協定。在簽署之前，美國希望「**美軍擁有相關人士的犯罪裁判權**」（第十七條第二項摘要），而日本也接受了這項要求。

換句話說，日本給予了全面性的治外法權。

這代表日本形同美國的殖民地。一九五三年八月，待北約締約國部隊之地位協定生效後，日本行政協定的裁判權條款（第十七條），也在九月按照約定修改了。

簡而言之，美國參考北約締約國部隊之地位協定，和日本締結了新的協議。美國大兵在「公務中（值勤中）犯罪」，美軍和過去一樣具有裁判權。反之，美國大兵在「非公務中（非值勤中）犯罪」，基本上日本擁有裁判權。

可是，現在美國大兵犯罪的情況仍然沒有太大變化。就以強暴事件來說，除非是非常兇殘的案子，惹得沖繩縣警和當地報社窮追不捨，犯人才會被拘留審問，或是被日本判刑。

為什麼會這樣呢？

請各位想想「密約方程式」（這是我本人想出來的）。

就以一九五三年的「行政協定改定」來說吧，凡事和美軍特權相關的條款，被改成對美軍不利的情況時，美日聯合委員會一定會在背後締結密約，不讓美軍的權利受到侵害。

用公式來解釋的話，大概是這樣子：

「不利的老舊協議」＝「表面工夫完善的新協議」＋「密約」

在思考美軍問題的時候，使用這個方程式很有效，請各位務必記下來（我們在第二章有提到，有一條密約承認美軍「財產」的治外法權，一開始行政協定中也有明文記載。直到一九五三年改定，才從正規的條文中消失，另外再締結新的密約）。

◎放棄裁判權和引渡罪犯

行政協定的條文都已經更改了，為什麼美軍相關人士犯罪，情況依舊沒有改善呢？因為美日聯合委員會在背地裡，締結了下列兩條密約：

○「放棄裁判權密約」〈除非是特別重要的事件，否則日方不行使裁判權。一九五三年十月二十八日〉

○「引渡罪犯密約」〈美軍相關人士犯罪，若無法釐清是否於公務中犯下罪行，則嫌犯交由美軍處置。一九五三年十月二十二日〉

由於美日聯合委員會締結這兩條密約，行政協定的裁判權條款（第十七條），就產生了下列的密約方程式。

「舊條文」＝「改定條文」＋「裁判權放棄密約」＋「引渡罪犯密約」

於是美國大兵犯罪，多數還是和以前一樣不受制裁。

裁判權放棄密約，是美日聯合委員會背地裡達成的協議，只有特別重要的事件，日方才會行使裁判權。至於何謂重要事件，則由美日聯合委員會決定，也就是由美軍決定的。也難怪大部分的犯罪案件，最後都無疾而終了。

至於引渡罪犯密約就更過分了。

罪犯是否在「公務中」犯下罪行，基本上由美軍決定。如果是在公務中犯案，則日本沒有裁判權。其實在這個階段，協議內容就已經對美軍非常有利了。沒想到，無法確定是否在「公務中」犯下的案子，嫌犯也要交由美軍發落，這真是太荒唐了。

因此，向日本警察通報美軍相關人士犯罪，日本警察抓到人後得交給美軍。萬一日本警察先抓到犯人，無法證明犯人在「非公務」時間犯罪，同樣也要把人交出來。

最近令我特別驚訝的是，「報導 STATION」在播出美日聯合委員會的特別報導時，外務省（北美局美日地位協定室）的負責人對於裁判權放棄密約的看法是：這條密約沒有值得否定的要素，因此依然具有效力。

外務省竟然認同這一條放棄裁判權的密約，他們已經連掩飾都懶得，日本完全處於「法治國家崩潰」的狀態。

◎關於基地權的機密報告

和裁判權相比，基地權存在更大量的密約。

理由就和第三章談到的一樣，美軍有在日本國土隨意設置基地的權利，以及實施任何軍事演習的權利。

因此，這些密約考量到各式各樣的狀況，和裁判權相關的密約不同。為了幫助各位瞭解這一點，我們先來看看一九五二年占領結束後，日本的美軍基地到底是什麼樣的情況。

我在每一本著作都曾介紹這件事，引用的也是正確的資料。那是美國大使館在一九五七年調查駐日美軍基地後所製成的機密報告（駐日美軍基地相關機密報告書）。當時，艾森豪總統才當選連任沒多久，他命令國安顧問進行大動作調查，以掌握世界各地的美軍基地狀態。而這一份調查用的基礎資料，就透過日本大使館轉交給美國的國務院。

那時候製成的機密報告顯示，駐留在日本的美軍擁有異常龐大的特權，就連美國外交官都感到震驚（各項目〔〕中的內容，皆為作者的評論）。

【駐日美軍基地相關機密報告書】（摘要）

○**根據（舊）安保條約制定的行政協定，大幅保障了美軍占領日本時，任意進行軍事活動的權限和權利。**

〔軍事層面上的占領，在日本主權獨立後依舊存在。〕

○依照安保條約，美軍可以擅自用兵，無須向日本政府協商。

〔所以美軍才能用有缺陷的魚鷹式傾轉旋翼機，做一些在美國無法嘗試的危險訓練。〕

○依照行政協定，美軍有權決定新基地的設置條件，以及維持現有的基地。

〔所以美軍不顧沖繩反對，硬是在邊野古建設新基地。〕

○大量的美國諜報機構成員在日本活動，未曾受到任何刁難阻礙。

〔許多間諜自由進出橫田空域等場所，進行諜報活動。〕

○美軍部隊的家族、裝備，無須和當地機關聯絡或商量，即可自由進出日本。

〔第三章有提過，日本對美軍的相關人士來說是沒有國界的。〕

○美軍可自行裁定，在日本進行大規模演習和射擊訓練，任意出動軍機，並且日常性舉辦其他非常重要的軍事活動。

〔美軍可以在日本國內任意採取軍事活動，無須經過日本政府同意。〕

（美國大使館．霍爾西公使調製．一九五七年二月十四日）

這份機密報告最令人驚訝的是，日本恢復主權五年後（從一九五二年到一九五七年），依舊處於實質的占領狀態。這是美國大使館的第二號人物，寫給總統的機密調查報告，沒有比這更有力的證詞了。

第一章曾提到，在一九五九年的時候，日本的空域早已被美軍支配。其實不光是空域，一九六〇年以前日本全境都還處在軍事占領的狀態下。

◎基地權密約的「公式」

接下來，終於要談到「密約方程式」了。

這份機密報告在一九五七年完成，三年後岸首相呼籲美方改定安保條約，終止這種「延長式的占領狀態」，建立起「對等的美日關係」。

可是背地裡，雙方卻簽署了驚人的密約。

那就是，**關於基地問題不會有實質性的更動**。

「基地權密約」這一份文件，足以證明這一點。而「基地權密約」被發掘出來，號稱是研究日本戰後史的一大快舉（詳見下頁的資料①）。

詳情請參閱《細究法治國家崩壞》這本書（五五頁有講到）。這份文件是新原昭治先生發現的，他曾經是長崎放送的記者，也是一位獨立的國際問題研究專家。前面提到的「機密報告書」中指出，美軍維持占領狀態的法源依據是行政協定。而關於行政協定的內容，美日兩國背地裡做出了非常荒唐的協議。

「安保改定的時候，行政協定的名稱將改為『地位協定』，條文也會略做更動，但基本

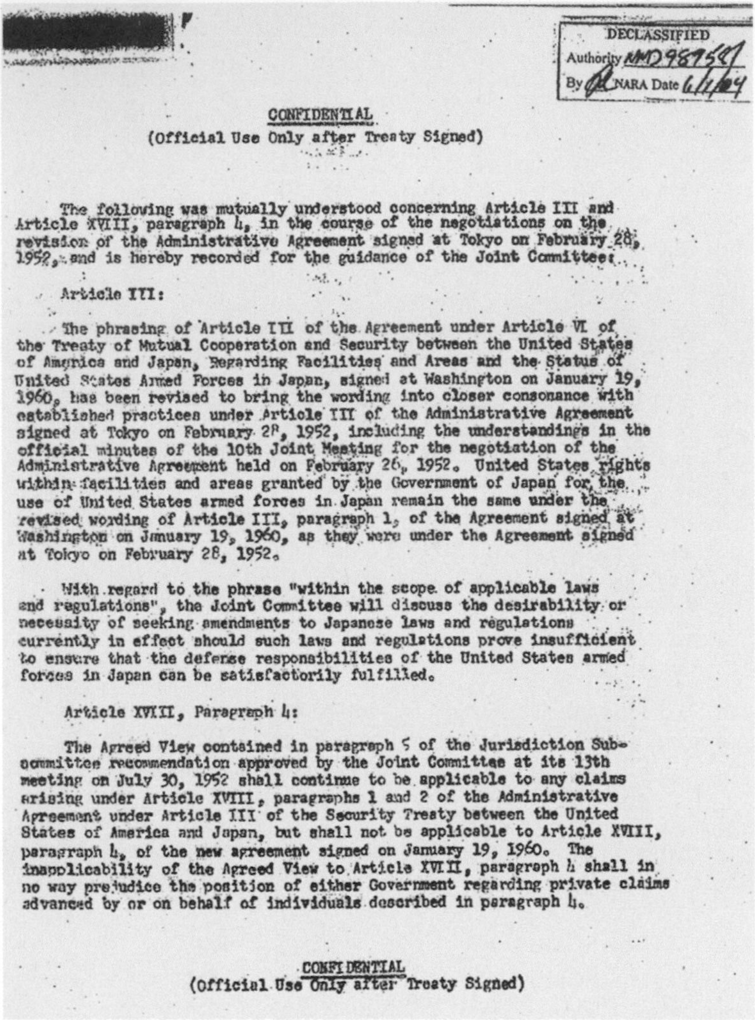

[redacted]

DECLASSIFIED
Authority NND 989587
By NARA Date 6/1/04

CONFIDENTIAL
(Official Use Only after Treaty Signed)

The following was mutually understood concerning Article III and Article XVIII, paragraph 4, in the course of the negotiations on the revision of the Administrative Agreement signed at Tokyo on February 28, 1952, and is hereby recorded for the guidance of the Joint Committee:

Article III:

The phrasing of Article III of the Agreement under Article VI of the Treaty of Mutual Cooperation and Security between the United States of America and Japan, Regarding Facilities and Areas and the Status of United States Armed Forces in Japan, signed at Washington on January 19, 1960, has been revised to bring the wording into closer consonance with established practices under Article III of the Administrative Agreement signed at Tokyo on February 28, 1952, including the understandings in the official minutes of the 10th Joint Meeting for the negotiation of the Administrative Agreement held on February 26, 1952. United States rights within facilities and areas granted by the Government of Japan for the use of United States armed forces in Japan remain the same under the revised wording of Article III, paragraph 1, of the Agreement signed at Washington on January 19, 1960, as they were under the Agreement signed at Tokyo on February 28, 1952.

With regard to the phrase "within the scope of applicable laws and regulations", the Joint Committee will discuss the desirability or necessity of seeking amendments to Japanese laws and regulations currently in effect should such laws and regulations prove insufficient to ensure that the defense responsibilities of the United States armed forces in Japan can be satisfactorily fulfilled.

Article XVIII, Paragraph 4:

The Agreed View contained in paragraph 5 of the Jurisdiction Subcommittee recommendation approved by the Joint Committee at its 13th meeting on July 30, 1952 shall continue to be applicable to any claims arising under Article XVIII, paragraphs 1 and 2 of the Administrative Agreement under Article III of the Security Treaty between the United States of America and Japan, but shall not be applicable to Article XVIII, paragraph 4, of the new agreement signed on January 19, 1960. The inapplicability of the Agreed View to Article XVIII, paragraph 4 shall in no way prejudice the position of either Government regarding private claims advanced by or on behalf of individuals described in paragraph 4.

CONFIDENTIAL
(Official Use Only after Treaty Signed)

資料①基地權密約文件　這是一九五九年十二月三日，麥克阿瑟大使和藤山外務大臣談妥的「基地權密約」。一九六〇年一月六日，雙方在同樣的文件上簽字，列入美日聯合委員會的紀錄中，後來被國際問題研究專家新原昭治發掘出來。

上內容不變。」

用密約方程式來詮釋，就會得出一個非常大的基地權密約公式：

「行政協定」＝「地位協定」＋「密約」

這一則「公式」又衍生出無數的密約。

◎密約製造機

由於美日聯合委員會創造了太多的密約，甚至被稱為「密約製造機」。嚴格來講，基地權密約就是大量密約誕生的主要原因。

因為，美軍在日本各地設置基地和實施軍演的重大協議（行政協定），已經更改了條文，但背地裡卻必須保持「內容不變」。

要解決現實與條文的矛盾，究竟需要多少密約？我光是思考這個問題就快暈倒，對於歷代的美日聯合委員會成員，我只有在這一點上寄予同情。

美日在戰後締結的無數密約中，就數這一條密約最荒唐。

所以，新原先生發現「基地權密約」的文件時，很多人一時無法置信。他們不敢相信國與國之間，會訂下如此過分的協議。

不過，後來新聞工作者末浪靖司先生，完全證明了這一份文件的效力。

末浪先生分析美國解密的公文後，發現當時的岸首相和藤山愛一郎外務大臣，在和美方的大使道格拉斯．麥克阿瑟二世（麥帥的姪子）交涉安保改定時，同意「行政協定的內容不變，只改表面上的條文」。

「他們（岸與藤山）設想了許多改定條文，但大部分都是形式上的改定，也就是比較體面的行政協定，拿給國會過目而已。」

（一九五九年四月二十九日．駐日大使麥克阿瑟傳給國務卿的祕密電報）

「我一直對岸和藤山施壓，以免行政協定有實質上的變更，他們二人也十分明白我們的見解。」

（一九五九年四月二十九日．駐日大使麥克阿瑟傳給國務卿的祕密電報）

◎「地位協定」＝「行政協定」＋「密約」

對研究者和新聞工作者來說，每一條密約都有很重要的意義；可是對一般人來說，這些密約的數量太龐雜，幾乎不可能掌握「基地權密約」的全貌，況且也沒什麼意義。

重點是，請記得安保改定的「公式」就好：

「地位協定」＝「行政協定」＋「密約」

美軍相關人士在日本犯罪為何不受制裁？美軍為何有權在日本進行危險的軍事演習？這兩個問題光看地位協定的條文，是無法解釋清楚的。因為，這些條文背地裡一定都有密約存在。

是故，在討論地位協定的問題時，一定要參考行政協定的條文，思考前後兩者的落差是否有密約存在。

◎三大地下教範（最高裁、檢調、外務省）

「戰後的日本」在結束占領和安保改定後，內部依舊擁有巨大的矛盾。明明日本已經恢復主權獨立，卻讓其他國家的軍隊（美軍）自由駐留在自己的國家，甚至給予他們全面性的治外法權。

為了隱藏這種極為扭曲的現象，這個國家的各個重要骨幹裡，都要安插一些檯面下的教範才行。

分別是下面這三項：

①最高裁的「內部機密資料」（一九五二年九月，正式名稱為「美日行政協定相關之民事暨刑事特別法關係資料」，最高裁判所事務總局編輯發行）。

②檢調的「實務資料」（一九七二年三月，正式名稱為「美軍成員之刑事裁判權關係實務資料」，法務省刑事局製作發行）。

③外務省的「美日地位協定的思維」（一九七三年四月，正式名稱同上，外務省條約局製成）。

日本是主權獨立的法治國家，但①②這兩項關於裁判權的地下教範，卻是要給予美軍人士實質上的「治外法權」而制定的。

檢調和最高裁有這些地下教範，確實是令人驚訝的大事，但這些教範當中還有明文記載一些「潛規則」，例如牽涉到美軍的事件中，若有不利美軍的事證則不必呈上法庭。

③我過去介紹很多次了，當外務省需要解釋這些異常的「裁判權」和「基地權」時，這份教範裡歸納了說明的方針。

美日聯合委員會上有一些非公開的「協議文件」和「公式議事錄」，這些教範就是把當中的重點，歸納給底下人看的東西。

◎司法機構協助殺人犯脫罪

有了這些教範，美國大兵犯罪會受到什麼樣的處置，我就來簡單說明一下好了。

比方說美國大兵犯下嚴重的罪行，可能是強姦婦女、開車肇事、射殺平民等等。一旦這些事件發生，美日聯合委員會就會舉行非公開協議，討論處置的方式。

例如，以前實際發生過的「吉拉德事件」（一九五七年，發生於群馬縣），一名二十一歲的美國大兵，在基地裡射殺一名四十六歲的日本婦女，美日聯合委員會對此達成了下列幾項祕密協議（摘錄自春名幹男著作《祕密檔案（祕密のファイル）》，共同通信社發行）：

一、（日本檢方）不能以殺人罪起訴吉拉德，只能以傷害致死罪起訴。

二、日方必須透過訴訟代理人（檢察廳），勸告日本裁判所盡量下達較輕的判決。

換句話說，美軍和日本官僚的代表，在美日聯合委員會上達成協議，並透過法務省把他們的方針傳達給檢察廳。接獲報告的檢察廳，除了要主動減輕求刑以外，還得要求裁判所從輕量刑。於是，裁判所受到上面的壓力影響，做出了不可置信的從輕判決。

在這起事件中，犯人是抱著好玩的心態射殺日本婦女的。明明行事如此惡劣，檢調卻遵從祕密協議，以傷害致死罪起訴犯人吉拉德，只求處「五年有期徒刑」。

前橋地方裁判所的判決就更輕微了，只判處「三年有期徒刑，緩刑四年」。檢調也未提起上訴，犯人就這麼輕判「緩刑」。判決才過兩個禮拜，吉拉德就能返回美國。整個流程歸納如下：

「日本和美國協議（美日聯合委員會）」→「求刑過輕（法務省→檢察廳）」→「判刑過輕（地方裁判所）」→「犯人回國（外務省）」

換言之，政府機構狼狽為奸，讓殺人犯獲得實質的無罪判決。各單位之間默契極佳，就好像游擊手接到球之後，快傳一二壘雙殺般精彩。

當他們瞞著日本國民濫用權力時，這三大教範等於是在指引他們，如何讓這種行為在日本國的憲法體系中合理化，或是佯裝合理化。這就是三大教範制定的用意。

◎美軍相關人士犯罪，法務大臣一定會下指導棋

其中一個最具代表性的地下規範，收錄在檢調的「實務資料」中。

在處理美軍相關人士犯罪時，有一個大原則：

「對犯人起訴或緩起訴的情況下，原則上由法務大臣指揮。」

這一條地下規範，是思考日本戰後史的一大要點。

說到法務大臣下指導棋，當數一九五四年的造船疑獄事件[9]了。當時法務大臣犬養健對檢

事總長下指導棋，不准他們逮捕自由黨的幹事長佐藤榮作。後來犬養健引咎辭職，但他對日本司法制度的破壞引發軒然大波，導致吉田茂內閣被迫總辭。

不過，我們閱讀檢調的地下教範可以發現，美軍相關人士犯罪，所有起訴和緩起訴皆由法務大臣指揮。而這個「內部機密通知」，其實早在一九五三年，就透過法務省刑事局通告全國檢察廳。

這樣的指揮權實行一次，就讓法務大臣失勢，甚至逼得內閣總辭，這件案子長久以來也被視為「戰後政治史上的最大汙點」。結果一碰到美軍犯罪，這樣的指揮權動不動就被「派上用場」，相信大家也該明白這有多嚴重了吧？

法務大臣下指導棋，真正的執行者是接收命令的檢事總長。誠如第四章描述，檢事總長過去多半是法務省大臣官房長，亦即美日聯合委員會成員。同時，擔任檢事總長的人通常也當過法務省刑事局長，這個位置負責包辦所有檢調實務，也對全國的檢察廳下達「內部機密通知」。

由於這樣的司法架構，美日聯合委員會的決議，經常直接影響司法判決，這也是造成戰後日本社會扭曲的一大原因。

09 一 譯註：造船公司為獲得政府之利息補貼，故賄賂執政黨官員的案件。

第六章——政府不受憲法約束

守護國民人權的日本憲法，在關鍵時刻絲毫沒有作用。
美軍絕不會在美軍的住宅上低空飛行。
美軍一直在日本人的住宅上超低空飛行。
為什麼？
這就是主因！砂川裁判・最高裁判決
起初，東京地裁下達的判決，是美軍駐日違反憲法第九條第二項……
你們長眼一點啊？
駐日大使 麥克阿瑟
（藤山愛一郎）外務省
（愛知揆一）法務省
（岸信介）日本政府
（田中耕太郎）最高裁
像美日安保條約這種高度政治性的問題，最高裁不進行憲法判斷！
結果最高裁做出了如此荒唐的判決。
「像美日安保條約這種問題」是十分含糊籠統的說法，這種說法出現之後，美軍、自民黨政權、高級官僚都可以用這句話為所欲為了。
真方便……♡
像核能這種高度政治性的問題，最高裁不進行憲法判斷。

真正重要的事情，往往可以用非常簡單的話語解釋清楚。相信各位都有類似的經驗才對。

前面我已經說過，二〇一〇年六月鳩山政權瓦解，我開始到沖繩調查美軍基地問題。短短九個月後，福島發生核電事故，連沖繩和本土都發生了一些荒謬至極的事情，不禁讓人懷疑日本到底是不是法治國家。

二十萬無辜民眾失去家園和田產，只能住在克難住宅裡，煩惱未來該如何是好。而事故發生的那一年年底，東電社員竟然還坐領高額的年終獎金，準備歡度新年。

大家明知世道如此荒唐，卻也無能為力，日子還是得過下去。

有一天，我聽說了一件更誇張的事情，我一度懷疑自己是不是聽錯了。

普天間基地位於沖繩縣的宜野灣市，當地的前任市長伊波洋一先生（現為參議院議員），發表了下列的演說內容：

「美軍的軍機，絕不會在美軍住宅上低空飛行，美國的國內法禁止這樣的危險飛行，而這樣的規定也適用於海外。」

◎最令人驚訝的事情

「？？？？」

我一開始聽到這段話，完全不懂那是什麼意思。

我在沖繩採訪美軍基地的問題時，就看過軍機多次在市區低空飛行。美軍直升機颳起的大風，也幾乎把民宅庭園裡的樹枝吹斷，還有住在公寓六樓的民眾告訴我，他們每次都能和飛行員四目相望。

事實上，我從山丘俯視普天間基地，也看到軍機和直升機從跑道上起飛，恣意在陸海上空和島嶼上空飛行的景象。

「美軍不會在自己人的住宅上飛，為什麼偏要在我們頭上亂飛？」

根據伊波先生的說法，美軍在訓練時不只會顧慮到自己人。**在美國本土，萬一訓練會影響到蝙蝠或其他野生動物，或是有可能破壞沙漠裡的遺跡，他們就會終止訓練計劃**。

因為法律規定，美軍在訓練之前必須公開訓練計劃，評估訓練對環境造成的影響。所以在美國境內，已經沒人討論軍事訓練對人民的危害了。

不對喔，先等一下，這個說法未免太奇怪了——

美軍不能影響到蝙蝠或遺跡，那麼影響到日本人就沒關係嘍？

這是人種歧視嗎?

還是說,在別人的國家就可以胡作非為?

不、這麼說也不對。

例如在沖繩本島北部的高江地區,直升機起降場的建設曾經停工好幾個月,原因是野口啄木鳥這種稀有鳥類,正好進入了繁殖階段。

美軍很顧慮「日本鳥」的生存權,就是沒顧慮到「日本人」的人權。

這究竟是怎麼一回事呢……。

◎美軍只是遵守美國法律而已

這個問題一直困擾我很久,遲遲找不到解答。過了好一段時間,我看到美國境內美軍基地的飛行訓練航線圖,才終於明白是怎麼一回事。

換句話說,美國境內的美軍基地腹地廣大,美軍基本上可以在基地上空直接進行低空飛行訓練,好比加州的米拉馬海軍陸戰隊基地,面積就是沖繩普天間基地的二十倍左右。而且基地本來就在山區,對住宅區絲毫沒有影響。

軍機前往海上實施長距離飛行訓練,也會避開住宅區,沿著溪谷飛到海面上。因此起飛用的跑道,也是正對著溪谷。

我們氣憤地以為美軍只顧自己人，其實這個說法並不正確。

美軍只是在遵守美國的法律而已。

美國的法律顧慮到環境問題，所以住在美軍住宅的美國人，即便到了海外，法律也會保障他們的人權，我們日本人也沒理由批評他們。美國完善的環境相關法案，不只保護自家的動植物和遺跡，連日本的鳥類（稀有動物）都在保護對象之列，執行得相當徹底。

問題是，為什麼日本人的人權沒有受到保障？

◎說穿了，就是憲法沒有發揮機能

當我開始思考這個問題，就想起第一章提到的「航空法特例法」。

「美軍軍機，不適用航空法第六章的規定（第六章中明訂最低飛行高度，以及禁止飛行的區域）。」

日本也有保護國民人權的憲法，還有禁止危險飛航的航空法。可惜這些條文，遇到美軍相關問題「全部不適用」。

當然，如果國民的人權受到明顯的侵害，那麼就算美軍有特例法當靠山，憲法也應該要發揮機能才對，但事實並非如此。

也就是說，**一旦牽涉到駐日美軍問題，憲法是一點用也沒有的**。

當我想通這一點後，過去各種混淆不明的疑問，全都猶如撥雲見日般豁然開朗。

「憲法若確實發揮機能，沖繩和福島的問題幾乎都能解決。」

現在想想，這也是很理所當然的道理，為什麼我沒有及早想通呢？我整整花了兩年的時間才明白。

不過，明白當中的玄機後，很多問題都迎刃而解了。

◎有人權和沒人權

問：為什麼美軍不會在美國人的住宅上空飛行？

答：為了避免墜機的風險。

問：東京使用的電力，為什麼不在東京發電？

答：為了避免核電廠爆炸的危機。

在同一座島嶼上（沖繩）生活的居民，有些人（美軍相關人士）是有人權的，而有些人（日本人）無人權可言。

同理，在同樣的區域裡（東日本），有些人（東京的百姓）是有人權的，而有些人（福島的百姓）無人權可言。

沖繩美軍進行低空飛行訓練，是用航空法的特例法來掩飾人權上的差別待遇。

後來我調查福島的核電問題，也同樣發現「不適用」條款。

日本有防止環境汙染的妥善法條，但放射性物質卻不在適用範圍之內（截至二〇一一年）。

「大氣汙染防止法・第二十七條第一項：**這條法律的規定，不適用於放射性物質造成的大氣汙染，以及相關的防治問題**。」

「土壤汙染對策法・第二條第一項：這條法律的『**特定有害物質**』，主要為鉛、砷、三氯乙烯等物質（**放射性物質除外**）。」

「水質汙染防止法・第二十三條第一項：**這條法律的規定，不適用於放射性物質造成的水質汙染，以及相關的防治問題**。」

我從兩年前就一直有個疑問，為什麼福島的核汙染受災戶，得不到正當的補償？看了這些法條以後我才明白，這些問題的法律架構，其實和沖繩的美軍基地問題相同。換句話說，現在日本的各個領域中，存在著可以「合法」侵犯國民人權的荒謬法條（例如「不適用條款」等等）。

事實上，某位福島縣的農民前往環境省陳情，希望政府處理被汙染的田地。沒想到該案的承辦人員，竟然給了一個令人錯愕的答覆。承辦人員以這一條土壤汙染對策法為依據，認定放射性物質造成的汙染並不違法（「週刊文春」二〇一一年七月七日號）。

◎問題的核心

照理說，日本憲法應該保障每一位國民的人權，為什麼憲法沒有發揮作用？憲法不該容忍侵害人權的特別條款，為什麼憲法形同虛設？

對我們來說，當務之急是探究這幾個問題的理由，剖析當中的玄機，重新恢復憲法該有的機能。

我看出應該解決的「問題核心」後，便著手企劃《細究法治國家崩壞》這本書（詳見五五頁）。

我找來新原昭治、末浪靖司、吉田敏浩共同著述，他們都是研究當代日本密約的翹楚，稱得上是非常豪華的陣容。

書中探討的主題，正是一九五九年的「砂川裁判・最高裁判決」。

因為我們非常清楚，要解析憲法喪失機能的問題，一定要徹底研究這起事件才行。

我先說明一下砂川裁判的前因後果。這一起判決和東京立川地區的美軍基地擴建工程有關，當時東京地裁的伊達秋雄裁判長，於一九五九年三月三十日下達判決，認定舊安保條約的內容違憲。美軍駐日違反憲法第九條第二項，也就是日本不該擁有軍事力量，這個判決史稱「伊達判決」。

仔細想想，這是很理所當然的結果。畢竟憲法中明文記載，日本不得持有陸海空軍或其他戰力。

不過，萬一最高裁也同意這個判決結果，那麼美國也不可能繼續在日本安插美軍，所以美國說什麼也要阻止這件事發生。

他們開始對日本政府和最高裁猛烈施壓。

◎跳過高裁，直接上告最高裁

這個問題至關重要，其後有新原昭治先生在二〇〇八年找到的相關機密文件（極機密電報）。

首先，判決結果出來的隔一天，美國大使麥克阿瑟找來藤山外務大臣，下達各種實質的指示。整件事的原委，都曾透過電報回報給美國。

「今早八點我和藤山見面，討論東京地裁下達的判決，東京地裁認定美軍駐日和基地違反憲法規定。我再三強調，日本政府應該盡快採取行動，更正東京地裁的判決。」

（一九五九年三月三十一日，致國務卿的極機密電報）

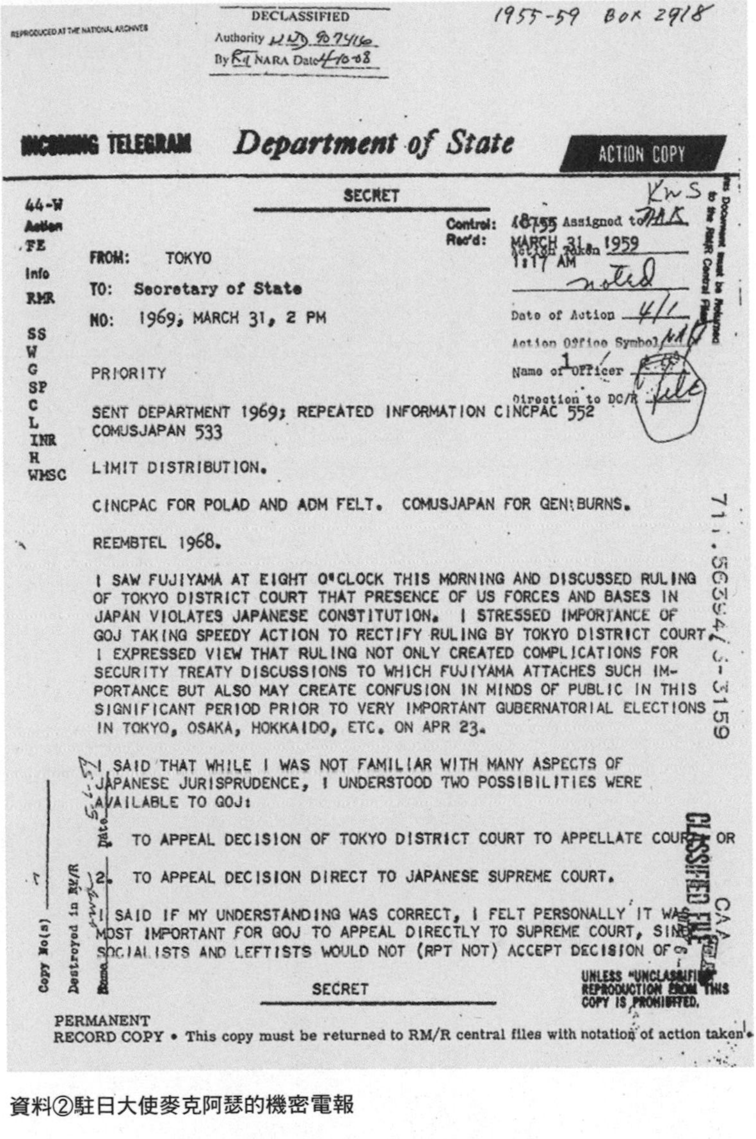

REPRODUCED AT THE NATIONAL ARCHIVES

DECLASSIFIED
Authority NND 907416
By RJ NARA Date 4/10/08

1955-59 BOX 2918

INCOMING TELEGRAM **Department of State** ACTION COPY

SECRET

44-W
Action
FE
Info
RMR
SS
W
G
SP
C
L
INR
H
WMSC

Control: 18755 Assigned to MAK
Rec'd: MARCH 31, 1959
1:17 AM
Action Taken noted
Date of Action 4/1
Action Office Symbol NA
Name of Officer
Direction to DC/R file

FROM: TOKYO

TO: Secretary of State

NO: 1969, MARCH 31, 2 PM

PRIORITY

SENT DEPARTMENT 1969; REPEATED INFORMATION CINCPAC 552
COMUSJAPAN 533

LIMIT DISTRIBUTION.

CINCPAC FOR POLAD AND ADM FELT. COMUSJAPAN FOR GEN. BURNS.

REEMBTEL 1968.

I SAW FUJIYAMA AT EIGHT O'CLOCK THIS MORNING AND DISCUSSED RULING OF TOKYO DISTRICT COURT THAT PRESENCE OF US FORCES AND BASES IN JAPAN VIOLATES JAPANESE CONSTITUTION. I STRESSED IMPORTANCE OF GOJ TAKING SPEEDY ACTION TO RECTIFY RULING BY TOKYO DISTRICT COURT. I EXPRESSED VIEW THAT RULING NOT ONLY CREATED COMPLICATIONS FOR SECURITY TREATY DISCUSSIONS TO WHICH FUJIYAMA ATTACHES SUCH IMPORTANCE BUT ALSO MAY CREATE CONFUSION IN MINDS OF PUBLIC IN THIS SIGNIFICANT PERIOD PRIOR TO VERY IMPORTANT GUBERNATORIAL ELECTIONS IN TOKYO, OSAKA, HOKKAIDO, ETC. ON APR 23.

I SAID THAT WHILE I WAS NOT FAMILIAR WITH MANY ASPECTS OF JAPANESE JURISPRUDENCE, I UNDERSTOOD TWO POSSIBILITIES WERE AVAILABLE TO GOJ:

1. TO APPEAL DECISION OF TOKYO DISTRICT COURT TO APPELLATE COURT OR

2. TO APPEAL DECISION DIRECT TO JAPANESE SUPREME COURT.

I SAID IF MY UNDERSTANDING WAS CORRECT, I FELT PERSONALLY IT WAS MOST IMPORTANT FOR GOJ TO APPEAL DIRECTLY TO SUPREME COURT, SINCE SOCIALISTS AND LEFTISTS WOULD NOT (RPT NOT) ACCEPT DECISION OF

711.56394/3-3159

Copy No(s) Destroyed in RM/R Date Name

SECRET

UNLESS "UNCLASSIFIED" REPRODUCTION FROM THIS COPY IS PROHIBITED.

PERMANENT
RECORD COPY • This copy must be returned to RM/R central files with notation of action taken •

資料②駐日大使麥克阿瑟的機密電報

為什麼美國大使一大早就要找來外務大臣，指示日本政府盡快採取行動呢？因為當天早上九點將召開內閣會議，他要外務大臣在會議上提出美方的意見。

「我告訴藤山，如果我的理解無誤，我認為日本政府應該直接上告最高裁，這才是最重要的。」

（一九五九年三月三十一日，致國務卿的極機密電報）

這番話說得婉轉，其實意思就是「跳過高裁，直接上告最高裁就對了」。

麥克阿瑟接著告訴藤山，就算我方在高裁獲得有利的判決，社會黨和左派勢力肯定會上告最高裁，不會接受判決的結果，這樣只是在浪費時間而已。

當時麥克阿瑟和藤山，已經在暗中交涉隔年一月要簽署的安保改定了。所以，他們很清楚必須盡快解決這個問題。

「藤山表示認同（我的觀點）。（中略）藤山還告訴我，日本政府可以直接上告最高裁，他會在九點的內閣會議上，想辦法讓這件事通過。」

◎駐日大使與最高裁長官密會

可話說回來，這到底是怎麼一回事？

一介外國大使，竟然一大早就召來外務大臣，要他在九點的內閣會議上，干預當地裁判所的判決。

而接到指示的外務大臣，也贊同對方的意見，在幾十分鐘後的內閣會議上照辦。

這則故事揭露了一個事實，那就是在一九五九年的時候，日本在軍事層面上仍舊處於被占領的狀態。

不過，這起事件真正的重要性並不在此。

美國大使麥克阿瑟不只要求外務大臣直接上告最高裁，甚至還直接接觸最高裁的長官（田中耕太郎），多次討論判決的日期和結果：

【①洩露預定的判決日期】

「田中最高裁長官在祕密會談上，對（麥克阿瑟）大使表示，這起案件雖有優先權（優先審議的權利），但依照日本的審判手續，從開始到判決至少要花上好幾個月。」

（美國大使館於四月二十四日，發給國務卿的機密電報）

【②洩露預定的判決日期，以及審議的方針】

「雙方在共同的友人家中會談，田中耕太郎裁判長對美國大使館的首席公使表示，砂川事件的判決大概會落在十二月。（中略）裁判長接著說道，重新審理已經結審的案子，必須取得所有人的共識，才不會產生刺激輿論的少數意見。」

（美國大使館於八月三日，發給國務卿的機密電報）

【③洩露預定的判決日期，以及審議的方針，還有預定的判決內容】

「最近在非正式的會談上，雙方（麥克阿瑟和田中）曾短時間討論砂川事件。最高裁長官表示，雖然具體的時程尚未決定，但最高裁會在明年以前做出判決（中略）。田中長官表示，所有裁判官（共十五人）必須站在相同的現實基礎上，一起解決這次的事件，這才是關鍵所在。（中略）

田中最高裁長官認為，下級裁判所（東京地裁）的判決（中略）是可以推翻的。」

（美國大使館於十一月五日，發給國務卿的機密電報）

◎日本司法史上最大的汙點

砂川裁判是關乎駐日美軍違憲性的判決，麥克阿瑟大使也算是當事人。

然而，最高裁長官和大使至少有兩次直接會面，甚至還洩露「預定判決日」、「預定判決內容」、「審議方針」等情報，這些都曾記錄在美國的公文中。

另外，公文上還記載，最高裁長官和駐日首席公使，在「共同的朋友家中」碰面。這代表雙方可能有更頻繁的情報交流。

無論如何，這起「事件」是日本司法史上最大的汙點。現在鐵證都已經曝光了，最高裁依舊保持緘默，未發表任何聲明，其他民主主義國家會有如此荒唐的事情嗎？

田中耕太郎曾經擔任東京帝國大學法學部長以及文部大臣。後來在一九五〇年美軍占領日本的時期，出任最高裁長官（第二代）。日本恢復主權後，又擔任最初的最高裁長官。這樣一位法界泰斗，卻做出如此嚴重的「破壞司法」行為。

對於美國大使的政治操作，以及過程中發生的情報洩露問題，最高裁至今仍未好好反省和檢討。換言之，最高裁從誕生到現在，都沒有確實發揮該有的機能。

◎安保條約比憲法更大

上一章提到吉拉德事件，一位美國大兵在基地射殺日本女性。在那一節當中，曾說明政府機關如何聯手保護美軍特權。而在砂川事件中，政府機關狼狽為奸的情況就更誇張了，首相、大臣、最高裁長官都在檯面下暗通款曲，就像這樣：

「美國駐日大使」→「外務省」→「日本政府」→「法務省」→「最高裁」
（道格拉斯・麥克阿瑟二世）（藤山愛一郎）（岸信介）（愛知揆一）（田中耕太郎）

於是，一九五九年十二月十六日的最高裁判決，完全按照麥克阿瑟大使的計劃發展，十五名裁判官一致同意，駐日美軍並無違憲，一審判決被推翻，退回東京地裁重審。

這個判決結果已經很過分了，但更過分的還在後頭。

其實九個月前，東京地裁做出一審判決的兩天後（四月一日），麥克阿瑟大使在發給國務卿的機密電報中，表明了今後的政治工作目標：

「我要讓最高裁明確推翻判決結果，藉此鞏固美軍的特權。」

各位細讀一二〇頁十一月五日的機密電報，可以發現他對砂川裁判這件事，設立了一個基本的目標。十五名裁判官要達成一致，做出駐日美軍沒有違憲的判決。

這當中更廣泛的意義，**無非是想透過判決鞏固一個事實**。那就是，**安保條約立於日本憲法之上**。

麥克阿瑟大使表示，田中長官有在密會中談到，那些（評議判決的）裁判官試著從日本憲法的角度，處理一個很重大的憲法問題。亦即，安保條約是不是立於憲法之上？

之後，麥克阿瑟大使向美國報告，田中最高裁長官認為，重點在於這十五位裁判官當中，要有更多人從憲法問題的角度（亦即，條約是否大於憲法的問題）來下達判決。

◎什麼是日版的統治行為論[10]？

欲知詳情，請各位參考《細究法治國家崩壞》一書。總之，這次判決的核心，可以用一句話來形容：

「像安保條約這種具有高度政治性的重大議題，最高裁不必進行憲法判斷。」

這就是「日版的統治行為論」。最高裁的這個判例，等於落實了「**安保條約立於憲法之上**」的地位。誠如下頁圖所示，條約這種東西本來就在國內法之上，一旦最高裁不進行憲法判斷，安保條約就站上日本所有法律體系的頂端。

從更宏觀的角度來看，日版的統治行為論，和判決出爐的半個月前（一九五九年十二月三日）談妥的「基地權密約」（詳見九八頁）是共通的東西。用意是要讓美軍在日本境內行動時，擁有全面的治外法權。

10｜譯註：簡言之，若國家機關的行為具備高度政治性，則法庭不予以審判。

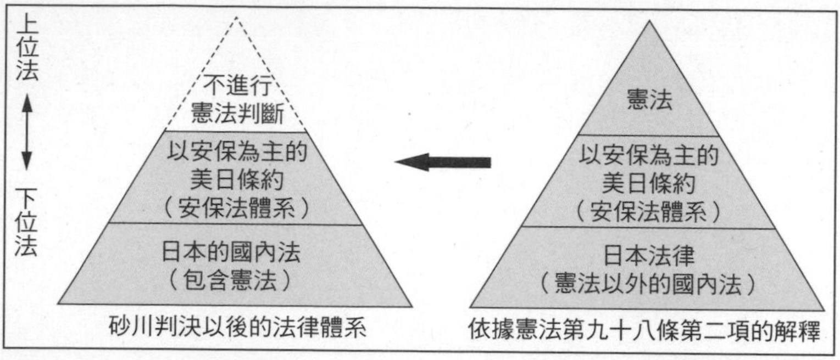

砂川事件造成的結果

◎日本處於「法治國家瓦解」的狀態

這個荒唐的判例，害我們日本人往後遭遇美軍基地問題、核能災害問題，以及政府其他各式各樣的違法和侵權問題時，失去法律上的抗衡手段。

依照「日版的統治行為論」來看，最高裁不必進行憲法判斷的案件，不是「與安保條約有關的高度政治性議題」，而是「像安保條約這種高度政治性的議題」。

至於什麼叫「高度政治性的議題」，在議會上占多數的執政黨可以自行決定，判決上寫得清清楚楚。日本的掌權者為了自己的利益，擴大解釋憲法判斷的不適用範圍，甚至超越了麥克阿瑟大使當初要的效果。

所以，現在日本政府真的有能力胡作非為，只要他們膽敢如此[11]。司法制度已經無法依據憲法的效力，克制政府的行為了。

就結果來看，有了「日版的統治行為論」，不只美軍相關人士不受法律約束，連日本菁英官僚這一類的統治階級也不必守法。

反正美軍的地位在憲法之上，而且還能暗中介入司法體系，統治階級只要和美軍相關人士打好關係，就可以為所欲為，絕不會被逮捕。

早在半個世紀以前，一九五九年的十二月十六日，這一起造成「法治國家瓦解」的重大事件，就發生在最高裁的法庭上，與駐日美軍的問題息息相關。

11 事實上，福島核災事故發生的隔年（二〇一二年六月二十七日），政府突然修改了原能基本法，多加了一條不可思議的條文，內容是「關於原能利用的安全問題，（中略）原能利用之目的旨在保障我國安全」（第二條第二項）。這一條和「日版統治行為論」並用的話，之後所有關於原能安全性的議題，統統不受法律控管。

第七章——重要文件一開始都是外國人調製的

在探討憲法第九條之前，應該先瞭解這種理念的思想背景。
「知識巨人」丸山真男
這和聖皮耶、康德、甘地等人的和平訴求，以及反暴力思想的發展有關係……
作者・矢部宏治
不對、先等一下，你那些話純粹是紙上談兵。
身為一個社會科學家（政治學家），請詳細檢討下列五大條文訂立的過程和內容。
碎碎唸
①大西洋憲章（一九四一年）
←②聯合國家共同宣言（一九四二年）
←③敦巴頓橡樹園提案（一九四四年）
←④聯合國憲章（一九四五年）
←⑤日本國憲法・GHQ草案（一九四六年）
沖繩、福島、以及擔任自衛隊保家衛國的弟兄，大家都承受極大矛盾所帶來的痛苦。為了避免被害者持續增加，我們應該基於事實冷靜議論才對。

二〇一二年孫崎享先生的《戰後史的真相》榮登日本暢銷書寶座，於是有越來越多日本人，開始關心我在書中談到的扭曲現象。

孫崎先生曾擔任外務省國際情報局長，算是情報部門的領袖。他在該書的第一章，問了一個出人意料的問題：

「日本是何時結束二次世界大戰的？」

大多數的日本人都以為，肯定是一九四五年的八月十五日。其實這是錯誤的，孫崎先生表示，**把八月十五日設為「終戰紀念日」，是背離國際常識的做法**。

「我有許多英美的外交官朋友，我問他們日本和盟軍的戰爭何時結束？每個人都說是九月二日，沒有人回答八月十五日。」

從世界常識來看，日本把八月十五日訂為「終戰紀念日」是沒有意義的。

依照國際法，日本在密蘇里號戰艦上簽署「降伏文書[12]」、正式接受「波茨坦宣言」的那一天才具有意義，而那一天正是九月二日。

那麼，為何日本人都不知道九月二日受降的事情呢？

「主要原因是，日本把八月十五日設為戰爭結束的日子，不肯正視『日本投降』這個殘酷的現實。

事實上日本真的輸了，還是無條件投降。

日本人應該站在這個起點上，重新打造嶄新的日本才對。**不過，日本人使用『終戰』這個字眼，持續逃避日本戰敗的事實，這就是日本戰後的心態了。**」

◎對自己有利的主觀歷史

現在回過頭來看這一段文字，依舊如此鞭辟入裡。

我在編輯《戰後史的真相》之前沒看過「降伏文書」和「波茨坦宣言」。孫崎先生本人在防衛大學任教，該校課程也幾乎沒提及「降伏文書」，恐怕一般日本人都沒看過吧。

可是，「波茨坦宣言」和「降伏文書」指出日本戰敗應該負起的法律義務，這對之後的日本非常重要，也是國家一個重要的起點。

偏偏「戰後的日本」一直不肯從戰敗的起點（八月十五日）**認識國際法的世界，只會看一些對自己有利的主觀歷史**。

嚴格來講，這對戰勝的美國也有好處，否則他們不會允許日本擅自詮釋戰敗。

從當時的歷史條件來看，其實另一種選項更有可能成真，而且這個選項會讓日本人深切體認到「日本投降的殘酷現實」。

那就是昭和天皇本人在密蘇里號戰艦上，親自簽下降伏文書的選項。

◎天皇本人表明投降

仔細想想，日本是以天皇的名義發動戰爭，天皇在憲法上也擁有議和的權限（按大日本帝國憲法第十三條）。本來應該由天皇簽署降伏文書才對，這才是合理的做法。

事實上，在密蘇里號戰艦上舉行投降儀式的七個月前，也就是一九四五年二月，美國的政策文件上有註明，要讓昭和天皇親自簽署降伏文書，並日做出下列的宣言。

日本國天皇宣言

「**我在此對交戰中的同盟國，發表無條件投降的宣言**。

我會命令所有區域的日本軍隊和日本國民，立刻終止敵對行為，遵從盟軍總司令的所有要求。（中略）

12—譯註：又稱日本投降書。

從今天起，我會把所有的權力和權限，移交給盟軍總司令。」

（國務・陸軍・海軍協調委員會〔SWNCC〕文件21「日本無條件投降」）

若實行這份企劃，日本人就不可能忽視九月二日的「投降」事實了。

不過，日本在八月十日表明接受波茨坦宣言後，這份企劃就被撤銷，改由日本政府和軍部派出的兩名代表，在降伏文書上簽字。

◎利用天皇可以拯救無數生命

英國是美國最大的盟友，英國的艾德禮（Clement Richard Attlee）首相和貝文（Ernest Bevin）外交大臣，曾對美國國務卿伯恩斯（James Francis Byrnes）提出一個問題：

「要求天皇本人簽署降伏文書，真的是明智的決定嗎？」（美國對外關係文件集〔FRUS〕一九五〇年八月十一日）

他們必須利用天皇，讓各大區域中的日軍解除武裝才行。這麼做也是在拯救英美和盟軍士兵的生命。

換言之，這個計劃是要天皇命令亞洲的日軍解除武裝投降，因此最好不要傷害到天皇的威嚴。

美國駐英大使將這則訊息傳回本國後，當晚就接到英國前首相邱吉爾的電話。駐英大使回報美國，邱吉爾信誓旦旦地表示，只要利用天皇，就能解救千里之外的士兵性命。

◎刻意被隱匿的昭和天皇

於是，在密蘇里號戰艦上的簽字儀式，日本政府由外務大臣重光葵代表出席，軍部由陸軍參謀總長梅津美治郎代表出席，二人在九月二日簽下降伏文書。天皇被刻意拉到檯面下，沒有出席這次重大的儀式。

八月二十一日，昭和天皇收到用英文寫成的「布告文」，那是遠在馬尼拉的麥帥送來的。原本那一份「日本國天皇宣言」，必須由天皇親自出席儀式宣讀，內容也經過美國國務院多次修訂。

昭和天皇接到的指示，除了在翻譯成日文的布告文上簽名用印（御名御璽），還要配合九月二日的儀式發表聲明。也就是說，只要昭和天皇做到這幾點，就不必親自在降伏文書上簽字，也不必到場朗讀宣言。

其後美軍占領日本的那一段時期，美方一開始用英文寫成的文件，基本上都會經過日方翻譯和潤飾，最後由昭和天皇簽署後昭告國民。這種模式從投降的時候就開始了。

◎美國國務院的冷靜分析

過去我看密蘇里號戰艦上的受降儀式影片，一直覺得很好奇，為什麼日方要由重光和梅津二人簽署降伏文書呢？不能只派一個人嗎？

當我知道他們是代替昭和天皇參加儀式時，我很佩服美國調查得如此透澈。根據戰前的日本憲法，天皇的「大權」由政府與軍部構成。而天皇有所謂的「統帥權」，用兵無須透過政府許可，也難怪簽字需要派兩個人了。

可是這一次撰寫本書，我重新調查資料後，發現了更令人意外的事實。

如果按照當初的計劃，由昭和天皇親自簽署降伏文書，美國國務院也打算再找另外一個人來簽字。

那麼，各位覺得美國會找誰？

是首相嗎？還是外務大臣？

不、都不是。

美國打算找軍部（大本營）的代表來簽字，也就是實際在密蘇里號戰艦上簽字的梅津美治郎。

理由是在一九四四年十一月的階段，美國國務院就已經知道，日軍的統帥權表面上由天皇掌握，但實際的權限卻在軍部（大本營）手中，軍部應該負起軍事行動的責任。

所以降伏文書要先讓天皇簽字，再讓大本營的正式代表跟著簽字（摘錄自國務院戰後計劃委員會〔PWC〕284a文件）。

美國國務院很清楚，日本軍事上的權限（統帥權）不在政府和天皇手上。

換句話說，二戰時期的日本，天皇看似手握大權，其實整個國家都被軍部架空。

美國冷靜而正確地判斷出日本的情勢。

因此，戰後美國占領日本，便依照此一前提訂立了一個基本方針。這個方針就是把天皇當成和平的象徵，和軍部完全分離。

◎「人間宣言」的調製過程

為什麼我要詳細解說「降伏文書」的相關要點？主要是希望大家知道，**自從日本簽下降伏文書，一直到七年後的一九五二年四月恢復主權為止，日本政府和昭和天皇完全沒有基於自身的判斷，製作或發表什麼重要的文件**。

比方說，光是一個「受降」儀式，究竟該由誰來簽降伏文書？光要釐清這個問題，就得製作大量報告書和政策文件，並且花上難以想像的時間不斷修定內容。

這便是美國實行「占領」的方式，也是「戰爭」和「外交」的處理方式。這些為了誘導國人觀感而編出來的故事（像繪本故事一樣的歷史），其背後都曾做過大量的研究。

所謂的「占領」狀態，是指現實中的戰鬥行為雖然結束，但在簽下和平條約，依法確立國與國的關係之前，雙方在政治和法律上，依舊進行著一場「沒有使用武器的戰爭」，所以日本沒有決定權是理所當然的事情。

例如，昭和天皇在一九四六年一月一日，被迫宣讀那一篇著名的「人間宣言」，一開始也是用英文撰寫。當時學習院[13]的淺野長光事務官，曾將日文版做成圖示筆記（作者補充了一部分）。

前半　確認昭和天皇的意向，商討文案的階段

「原案（學習院教師雷金納德・布烈斯[14]調製）↓石渡莊太郎宮內相↓昭和天皇↓石渡↓大金益次郎宮內次官↓淺野長光學習院事務官↓（吉田茂外相↓幣原喜重郎首相↓吉田）↓大金↓淺野↓布烈斯」

後半　正式文章確立的階段

「布烈斯↓GHQ（盟軍總司令部）民間情報教育局課長韓德森＋戴克局長↓麥帥↓經過麥帥同意↓布烈斯↓淺野↓石渡、大金↓昭和天皇↓幣原↓內閣會議↓公布」

看過這一份圖示，不難發現美日雙方有許多人參與其中。

從主觀的角度來看，這當中的任何一個人，都算是人間宣言的撰寫者。不過，這一份筆記中沒有註明的是，早在戰爭開打以前，美國就花了很長的時間，對日木的天皇和天皇制進行各種研究，累積了龐大的分析資料。

◎先讓天皇宣言，獲得日本人的認同

密蘇里號戰艦上的受降儀式結束後，盟軍利用天皇解除日軍武裝的過程，比想像中的更加順利。全亞洲號稱八百萬的日軍，接到天皇的命令一下就解甲休兵了。

今後要推動占領日本的龐大計劃，麥帥非常清楚昭和天皇的存在有多重要。占領政策有賴天皇協助，況且天皇也有持續利用的價值。為此，**在一九四六年五月召開的東京審判上，天皇不能受到制裁，這是有效利用天皇的「絕對條件」**。

方才提到的「人間宣言」，也是要達到這個目的而編排出來的。當時，國際輿論擔心留下天皇制，日本可能會變回瘋狂的軍事主義國家。人間宣言就是用來消除國際疑慮、向國際

13 — 譯註：過去日本皇族和貴族就讀的學校，亦即學習院大學的前身。
14 — **Reginald Horace Blyth**，英國出身的文學家。

社會保證，以避免昭和天皇在東京審判上受審。

這項計劃非常成功，國際社會也表現出善意的回應。接下來，讓天皇發表「放棄戰爭」宣言的計劃也迅速浮上檯面。

換句話說，**從「降伏文書」到「人間宣言」，乃至「放棄戰爭宣言」，這些重大政策的基本方針，都是先讓天皇本人宣誓，以獲得日本人的認同**。

一九四六年一月，美日雙方討論「讓天皇宣示放棄戰爭」的理由[15]，也和四個月後召開的東京審判有關。後來，這個計劃並未像「人間宣言」那樣單純發表聲明，而是以更大的規模呈現出來。隔月（一九四六年二月）GHQ起草日本國憲法草案，其中第九條的編纂，以及對國際社會的宣傳工作，都與這個計劃息息相關。

◎「繪本般的歷史」

詳細的經過有機會我再告訴大家。總之，**在美軍占領日本的階段，「出自外國人之手」的最重要文件，莫過於日本國憲法了**。

我在上一章曾提到，日本國憲法並沒有發揮該有的機能。如果我們真心想解決日本國憲法失能的問題，就應該根據客觀的事實，冷靜檢討憲法成立的過程。

關於日本國憲法失能的問題，誠如第六章的描述，和GHQ撰寫的憲法第九條第二項大有關聯。

「日本國憲法的草案，是占領軍在占領時期撰寫的。」

首先，我們要正視這個事實，不要替自己找任何藉口。確實，這是一個很殘酷的事實，讓每個人都感到痛心。

可是，再怎麼痛苦也必須從這裡出發。畢竟，**忽略事實的主觀議論，花再多時間也討論不出一個結果**。

有人說日本國憲法的草案，是日本人撰寫的。這種說法就和終戰紀念日訂在八月十五日一樣，純粹是「繪本般的動聽歷史」，只能拿來欺騙國人而已。

當然，這些說法也存在著某種真實，尤其是感情面的真實。過去日本的老百姓飽嚐戰爭的痛苦，和平的憲法代表他們的嚮往和訴求。

然而，撰寫憲法草案的百分之百是占領軍（ＧＨＱ）。舉凡草案的撰寫時間、每一則條文的撰寫者是誰、還有共同商討條文的對象，都有明確的記載。那些記載當中，完全沒提到憲法草案出自日本人的手筆。

而且ＧＨＱ在草案完成的九個月後，也就是一九四六年十一月二十五日，禁止媒體報導

15 譯註：根據日本國立國會圖書館的電子資料年表，麥帥和幣原是在一月二十四日，探討戰爭放棄和天皇制的問題。

ＧＨＱ起草憲法的相關批評或議論，連寫在書信上都不行。

因此，**我們日本人多年以來，都相信日本憲法是出自國人之手。**談論憲法卻不肯正視這個事實，不可能談出有意義的結果。

◎追溯憲法第九條

調查憲法第九條的問題，同樣會遇到「波茨坦宣言」或「降伏文書」的問題。換言之，我們日本人過去「議論」憲法第九條的問題時，完全沒有參照基本的文字說明。

其中最具代表性的人物，就是號稱「戰後頂尖知識份子」的丸山真男。對此我個人也有很複雜的感觸，就留在本章的最後談論吧。

日本國憲法的誕生，和聯合國憲章有極大的關聯，這一點相對來說較為人所知。

那麼，在探討憲法第九條或憲法前言之際，我們應該先瞭解一下，憲法條文源自聯合國憲章的哪一則條文，而聯合國憲章的條文由來又是什麼。

如此一來，像我這樣的門外漢也能馬上知曉，在談論聯合國憲章之前，最少得先讀過下列四個階段的條文。

◎構築戰後世界的大西洋憲章

詳情請參照《日本為何無法廢除「基地」和「核能發電」》一書（詳見五五頁），這裡我大概說明流程就好。

首先，在太平洋戰爭尚未開始的一九四一年八月十四日，美國的富蘭克林・羅斯福總統和英國首相邱吉爾，以美國即將參戰對抗日本為前提，互相締結協定，宣誓「英美理想中的戰後世界雛形」，這就是所謂的①大西洋憲章。

隔年一九四二年一月一日，英美按照大西洋憲章，和中國（中華民國）、蘇聯等二十六個國家構成龐大的軍事協定，做好應付第二次世界大戰的體制。參加的國家稱為「同盟國」（United Nations），其協定稱為②聯合國家共同宣言。

後來，同盟國拉攏更多國家加盟，二戰勝利在望。一九四四年十月，英、美、中、蘇四個國家，一起制定③敦巴頓橡樹園提案，這一份提案就是聯合國憲章的原案。

隔年一九四五年的四月到六月，歐洲戰線的戰事幾乎結束，五十個國家聚集在舊金山召開會議，根據敦巴頓橡樹園提案，制定④聯合國憲章。同年十月，共有五十一國加盟，軍事聯盟轉變為常態性的國際機構，「聯合國」（United Nations）就這樣誕生（如各位所見，「同盟國」和「聯合國」的英文是一樣的）。

整個過程的概要如下：

①大西洋憲章（英美兩國制定基本文件／一九四一年八月）

←②聯合國家共同宣言（二十六國參與／一九四二年一月）

←③敦巴頓橡樹園提案（英、美、中、蘇四國制定基本文件／一九四四年十月）

←④聯合國憲章（五十國共同制定／一九四五年六月）

首先由主要國家制定基本條文，再按照條文召集加盟國。接著制定大略規範，持續召集加盟國共襄盛舉，這是非常合乎邏輯和戰略的手段。這種做事方法才是我們日本人最該學習的地方。英美靠著這一套方法，在二次世界大戰中獲勝，持續支配著「戰後的世界」。這一切的起點正是「大西洋憲章」（詳見一四三頁），雖然日本沒什麼人知道，卻是一份非常重要的文件。

二戰後的世界，有「領土不擴張原則」和「民族自決原則」，這些原則基本上都是大西洋憲章提示的規範。

所以，真正要教現代史的話，應該先從大西洋憲章教起——這一份文件就是如此重要。

資料③大西洋憲章（Atlantic Charter）

（正式名稱為「英美共同宣言」The anglo-American Joint Declaration）

一九四一年八月十四日，雙方搭乘英國戰艦「威爾斯親王號戰艦」，在大西洋上共同簽署這一份文件。

美利堅合眾國總統（富蘭克林・羅斯福）和聯合王國首相溫斯頓・邱吉爾，在大西洋上舉行會談。（略）

雙方同意發表下列共同聲明。（略）

一、**兩國不尋求領土或其他方面的擴張。**

二、兩國不樂見違反人民自由意志的領土變更。

三、**兩國尊重所有民族選擇自己國家政治體制的權利**，也希望那些失去主權和自治權的民族，能重拾主權和自治權。

四、兩國會公平考量現存的債務關係，讓所有國家以平等的條件，享受到經濟繁榮所需的貿易機會和原物料供應，不因國家大小、戰爭勝敗而有所區別。

五、兩國希望在經濟上促成所有國家合作，讓所有的人民獲得更好的勞動條件，享有進步的經濟條件和社會保障。

六、**兩國**希望在納粹的殘暴統治終結以後，建立一個和平的世界，**讓所有國家的人民安居在國土之內，免於恐懼和不自由的威脅，安然度過一生。**

七、這樣的和平，可使所有人自由航行於公海。

八、**兩國相信所有的國家，基於現實和精神上的因素，必須放棄使用武力。如果有國家使用陸、海、空的軍事力量，對其他國家造成侵略性的威脅，或是有侵略的可能性，則未來的和平將無以為繼。因此，在更廣泛和持久的安全保障制度**〔即後來的聯合國〕**成立之前，這種國家必須被解除武裝。另外，兩國會盡可能提供援助，減輕愛好和平的各國人民在軍備上的沉重負擔。**

富蘭克林．羅斯福　溫斯頓．邱吉爾

◎憲法第九條源自大西洋憲章第八項

在討論日本憲法第九條之際，我們應該先看大西洋憲章的第八項，上面記載了憲法第九條的兩大要素：

A「人類對和平的終極夢想（放棄戰爭）」

B「對邪惡的戰敗國家實施的懲罰條款（解除武裝）」

光看大西洋憲章我們不難發現，日本國憲法的第九條誕生，不單是「人類對和平的美好願景」。當中包含了人類史上對戰爭與和平的光明面（A）和黑暗面（B），而這兩個事實我們日本人必須深入瞭解。

A「兩國（英美）相信所有的國家，基於現實和精神上的因素，必須放棄使用武力。」（放棄戰爭：第八項前半）

B「如果有國家使用陸、海、空的軍事力量，對其他國家造成侵略性的威脅，或是有侵略的可能性，則未來的和平將無以為繼。因此，在更廣泛和持久的安全保障制度（即後來的聯合國）成立之前，這種國家必須被解除武裝。」（解除武裝：第八項後半）

◎憲法第九條與聯合國部隊的關係

英美提出大西洋憲章的理念，三年後有了具體的條文，也就是日後成為聯合國憲章原案的「敦巴頓橡樹園提案」（③）。在這個階段「放棄戰爭」的理念也有明確的條文，全球的安全保障主要由聯合國部隊執行，除了英、美、中、蘇這四大國以外，其他國家基本上不具備各自的交戰權利。這種戰後世界的規則，也在當時確立了（敦巴頓橡樹園提案第八章、第十二章）。

這儼然是日本國憲法第九條的內容。所以聯合國部隊的存在，是日本國憲法第九條成立的前提。

日本對於憲法第九條第二項，有各種錯綜複雜的議論，其實只要閱讀這個階段的條文，就能輕易瞭解當中的意義了。簡單說，日本國憲法是以聯合國部隊的存在為前提，放棄我國的武力和交戰權。

◎沒有實現的聯合國部隊

如果聯合國憲章有確實承襲「敦巴頓橡樹園提案」的條文，成為戰後世界的基礎，那麼日本國憲法第九條，無疑是象徵新時代到來的理想憲法，堪稱全球的憲法楷模。

可是現實並非如此，在這個階段構想的正規聯合國部隊，一次也沒有編成。後來，聯合國憲章甚至被刻意加入「集團自衛權」等例外條文，這些條文在韓戰爆發後被肆意利用，導致「戰後世界」至今依舊戰火紛擾不斷。

一九四六年二月三日，麥帥指示部下凱德斯上校（Charles Louis Kades），開始制定日本

國憲法的草案。這個時候在倫敦，第一次聯合國安全理事會協議上，召開了「創設聯合國部隊的五大國會議」（第一次軍事參謀團會議）。

麥帥對部下提出了撰寫憲法草案的三大原則（又稱為「麥克阿瑟備忘錄」），當中明確指出**「日本的國防與安全保障，就交給推動世界進步的崇高理想」**。

因此聯合國部隊的存在，**是日本國憲法第九條成立的前提**，這是無庸置疑的事實。而這當中的背景，主要是從一九四一年的大西洋憲章開始，各國花了漫長的時間持續探討國際性的安全保障制度。

有些日本人主張憲法第九條是日本人撰寫的，或是出自幣原首相的手筆，他們對第九條的印象，基本上和安全保障沒有什麼關係，而是基於「絕對和平主義」的思維，所以和這種人議論永遠是雞同鴨講。

◎丸山真男的憲法九條論

其中最具代表性的，就是前面提到的丸山真男。

這位號稱「戰後頂尖知識份子」的人物，在他撰寫知名的憲法九條論時（〈憲法第九條的若干考察〉，收錄在《後衛的位置（後衛の位置から）》一書中，由未來社發行），完全不瞭解我前面提到的歷史過程。

也就是「大西洋憲章」→「聯合國家共同宣言」→「敦巴頓橡樹園提案」→「聯合國憲章」這樣的流程。

憲法前文中曾提到下面這一段話：

「日本國民企盼永久的和平，深明人類相互關係上的崇高理想，信賴愛好和平的各國人民的公正與信義，決意保障我們的安全與生存權。」

只要看丸山真男如何評論憲法前言，就知道他並不瞭解憲法的歷史背景了。

丸山認為，日本人常誤會前文中的某一段文字。

這一段文字和第九條有深切的關聯：

「信賴愛好和平的各國人民的公正與信義。」

這一段許多日本人以為，就是依賴其他國家的意思。

丸山說，那是日本人分不清「People」「Nation」「State」的差別所造成的誤解。

依照他的說法，這一段文字的邏輯是，日本國民要實踐普世價值，證明自己在愛好和平的國家共同體中，也是充滿榮譽感的一份子。

換言之，這是在表明日本國民的決心和思想，**並不是把日本的安全和生存權，交給特定的單一國家或複數國家來維持**。

◎什麼是「愛好和平的各國人民」？

不過很遺憾的，這個見解犯了很初步的錯誤。

丸山點出的「愛好和平的各國人民」，其實真正的意義沒有他講的那麼抽象。

這個字眼真正的意思是，**打贏第二次世界大戰的同盟國（與其國民）**。

各位回過頭來看大西洋憲章或聯合國憲章的條文，馬上就可以瞭解我的意思了。

「愛好和平的各國人民」一詞，最先出現在一四三頁「大西洋憲章」中的第八條。這句話體現了英美兩國基本的世界觀，他們認為這一場即將爆發的世界大戰，是「愛好和平的各國人民」（同盟國）對抗「對其他國家造成侵略威脅的國家」（德國和日本等軸心國）。

大西洋憲章的條文，對日本國憲法的前言內容有著直接的影響。在我們剛剛提到的那一段憲法前言後面，還有一段很知名的部分：

「我們確信，全世界的人民都有在和平中生存，免於恐懼和不自由的權利。」

這一段幾乎是照抄大西洋憲章第六項後半段的內容（詳見一四三頁）：

「（英美）兩國希望在納粹的殘暴統治終結以後，建立一個和平的世界，讓所有國家的人民安居在國土之內，免於恐懼和不自由的威脅，安然度過一生。」

講得更明白一點，負責撰寫憲法前文的ＧＨＱ赫西中校，就是參考大西洋憲章撰寫這一段的。丸山在他的「論文」中也有提到前述的事項，但他似乎不瞭解，那些內容來自於大西洋憲章的第六項。

◎「查證」與「感想」

不管是依照大西洋憲章制定的「敦巴頓橡樹園提案」（第三章），還是「聯合國憲章」（第四條第一項），當中提到「愛好和平的國家」，都是指「聯合國」的加盟國。

換言之，丸山提到的憲法前言中，那一段日本國民相信各國人民的公正與信義，以確保我國安全及生存權的內容，其實真正的意思是，日本加入二戰勝利者（聯合國）制定的集團安全保障體制，並以此為前提，根據憲法第九條放棄軍事力和交戰權。

丸山在探討憲法第九條的法學問題時，只寫下自己的「感想」，連搬出「查證法條」這麼基本的事情都沒做到。

◎「丸山學派」與日本知識份子的謬誤

丸山在這一部「論文」中還寫道，在考察〔憲法〕前言和第九條的思想關聯性時，必須先瞭解這種理念的思想史背景。

看到這一段話，其實我想說的是，既然要考察憲法第九條和前言，那麼應該先追溯這些條文的來源吧？

接著丸山還表示，這些內容關係到聖皮耶、康德、甘地等人，對於和平訴求與反暴力思想的發展問題；而日本的近代思想史，經歷了橫井小楠、植木枝盛、北村透谷、內村鑑三、木下尚江、德富蘆花[16]的思潮變革，和平理念也呈現在社會運動中云云。

講完這一大串後，丸山說第九條的思想史，還有各種不同的型態可供探討。但這一部分他竟然省略不提，實在令人大失所望。

我讀到這一段時，真的差點吶喊：這麼重要的事情怎麼不寫呢？

◎為了邁向新時代

既然丸山不肯詳細說明，為何要搬出這麼多思想家的名字呢？他的做法只是利用權威，為自己發表的意見（也可以說是「感想」）增添說服力罷了。不過他提出的意見，就和某些人主張憲法第九條是日本人撰寫的一樣，都是「繪本般的虛假歷史」，完全不值得一提。

16 — 譯註：井小楠幕末時期思想家，贊成改革開放；植木枝盛、北村透谷則宣揚自由民權觀念；內村鑑三、木下尚江、德富蘆花則信奉反戰思想。

當然，我們應該盡可能用公平的觀點，來閱讀收錄這一篇「論文」的著作（亦即《後衛的位置》一書），書中最值得評價的是下列這一點。

該書的附錄，保留了塞德斯提克（Edward George Seidensticker）評價丸山的文章。這位塞德斯提克是日本文學家（哥倫比亞大學教授），曾在美國國務院任職：

「丸山的興起，只是一種日本的現象。他的文章夾雜各種混亂的觀念，我閱讀他的文章只是想瞭解『丸山學派』和日本知識份子的謬誤，以及日本當代的錯亂；我反而對丸山研究的日本民情，以及日本過去的謬誤（亦即戰前的軍國主義和法西斯主義，這是丸山主要的研究議題）沒什麼興趣。」

換句話說，塞德斯提克看不懂丸山在寫什麼，那些文章和議論只能騙騙國人。

我完全贊同塞德斯提克的意見。

事實上，我們不需要丸山那種優秀的頭腦，或是極高的社會地位。

今後大家在討論重要議題時，只要根據「調查資料」就事論事，不要憑「自身感想」來議論就好。

這才是開創新時代的做法。

第八章——自衛隊遵從美軍的指揮作戰

為什麼美國讓日本放棄戰爭，卻又編列警察預備隊呢？
因為韓戰爆發，駐日美軍前往朝鮮作戰，他們要幫忙守護美軍基地啊！
科沃斯基上校，警察預備隊創辦人
為什麼制定了憲法第九條，還要派日本人去打仗啊？
出兵伊拉克
南蘇丹維和
安保法案強行通過
因為美日曾經簽署密約，一旦爆發戰爭，自衛隊要聽從美軍的指揮作戰！
馬克・克拉克陸軍上將
一九五二年七月二十三日，和吉田首相締結密約。
我們美軍掌控世界，需要日本的協助。最好所有國家都能變得和日本一樣！
誰要和日本一樣啊!!

前面寫的這些內容，是我開始調查美日相關問題以後，花了四年才瞭解的真相。

換言之，美日之間締結的「法律關係」，才是「戰後日本」嚴重扭曲的真正原因，而日本人完全沒有發現這種法律關係。

最大的問題是，一九五二年結束占領的「舊金山和約」，並不是普通的和平條約。

乍看之下，這是終止「政治」和「經濟」占領的「寬厚條約」，但在「軍事」上，這一份條約和安保條約互相連動，讓美軍在法律上得以繼續占領日本。

於是，「戰後日本」到了二十一世紀，仍然是「軍事上持續被占領的半主權國家」。

我和許多作者一起研究，幾乎已經能證明這一點了。過去大家討論「對美從屬」多半是從精神面探討，沒有人用合乎邏輯的方式，討論兩國在軍事上的法律架構。

不過，有個問題我始終弄不明白，為什麼日本的情況如此誇張？

「吃了敗仗」顯然是錯誤答案。

這世上吃了敗仗的國家比比皆是，但在二十一世紀的地球上，沒有任何一個國家像日本這樣，和其他國家締結如此屈辱的從屬關係。

各位只要回頭翻一下第三章，看伊拉克在吃了敗仗以後，和美國簽署的地位協定條文就知道了。

◎「請介紹一下密約的歷史」

這一點始終是我心裡揮之不去的疙瘩，美日之間在檯面下肯定還有一套架構，偏偏我卻不得其門而入。

直到有一天，有出版社希望我撰寫密約的歷史，我便欣然答應了。主要原因是，我從以前就有一件事情想好好調查一下。

我在第五章有提到，戰後日本和美國之間，曾簽署「裁判權密約」和「基地權密約」。除此之外，還有一個很重要的密約，那就是「指揮權密約」。

關於這個問題，我想重新回顧歷史，仔細瞭解一下當中的玄機。

所謂的指揮權密約，說穿了就是「一旦戰爭爆發，自衛隊要聽從美軍的指揮作戰」。

一定會有人覺得我在胡說八道，對吧？

可是，美日兩國之間存在「指揮權密約」一事，早在三十六年前就被揭穿。發現這一份美方公文的，正是獨協大學的名譽教授古關彰一先生。他在一九八一年，將整件事公布在《朝日期刊》雜誌上。

根據雜誌的報導，一九五二年的七月二十三日，盟軍剛結束占領沒多久，時任首相吉田茂曾經和美軍司令官締結口頭密約，另一次是在一九五四年的二月八日。

◎「指揮權密約」的成立經過

下一頁的資料，是馬克・克拉克（Mark Wayne Clark）上將第一次締結口頭密約後，向美國參謀長聯席會議提出的機密報告。內文直接開門見山，沒有任何開場白。

「我在七月二十三日傍晚，找來吉田、岡崎（外務大臣）、墨菲大使（Robert Daniel Murphy），一起在我家共進晚餐，之後一起進行會談。」

首先最令人驚訝的是，占領期都已經結束了，美軍司令卻把日本首相和外務大臣，叫到自己的家裡參加重要會談。

這證明了日本在主權獨立後，美軍依舊沒有放棄軍事上的占領體制。而且，與會人士是日方的首相和外務大臣，以及美軍的司令官和駐日大使，簡直就像是美日聯合委員會的「超級高階版」。

「我認為，我國政府在緊急情況下（指戰爭或武力衝突）出兵之際，美日之間對於指揮權必須有明確的共識。對此，我曾向吉田先生詳述理由。」

MESSAGE

TOP SECRET
SECURITY INFORMATION
DEPARTMENT OF THE ARMY
STAFF COMMUNICATIONS OFFICE

TOP SECRET

TOP SECRET
OPERATIONAL IMMEDIATE

PARAPHRASE NOT REQUIRED

DECLASSIFIED BY: JCS DECLASSIFICATION BRANCH
DATE 28 Apr 1976

FROM: CINCFE TOKYO JAPAN SGD CLARK

TO : DEPTAR WASH DC FOR JCS

NR : C 52588 260320Z JUL 52

References: A. JCS 912951.
B. DA 913813.
C. C 51823.

1. A. Ref A. I met with Mr Yoshida, Mr Okazaki and Amb Murphy after dinner at my residence on the evening of 23 July. I presented in some detail the reasons why my govt considered it essential that there be a clear understanding with the Jap auths regarding comd relationship in the employment of mil forces in the event of an emergency. Mr Yoshida readily agreed that, in an emergency, a single comdr was essential and that, under current conditions, he should be designated by the US. He further stated that, for the present, such agreement should be kept secret, because of the possible political impact on the Jap people. Murphy and I concurred in that view.

B. Mr Yoshida further agreed that, to the maximum feasible extent, the NPRJ should participate in the planning for their employment and be trained in realistic exercises appropriate for such employment. He desired that procedures nec to accomplish this objective be worked out jointly. He stated he would designate the Jap reps to participate in the joint planning. I designated Gen Hickey as my rep who has subsequently discussed this matter with Mr Okazaki. The Jap reps will be designated and given guidance desired by the Jap auths by not later than 30 July. Joint discussions will begin promptly thereafter.

2. Ref B. The subject of loan of frigates and landing craft was also discussed at the meeting on 23 July (1A above) I agreed that Amb Murphy should conduct the negotiation of this agreement in company with my rep. Rear Adm T C Ragan has been designated as my rep and will participate in all discussions.

3. Ref C. Mr Okazaki has stated to Gen Hickey that the JG would like the issue of heavy equip to NPRJ to begin during the Diet recess, shortly after 1 Aug. I consider it essential that I be prepared to meet the desires of

385.21 Japan (3-13-45) S. 30

3

DA IN 165421 (26 Jul 52)

OCS FORM 375-4 1 AUG. 51 REPLACES OCS FORM 375-4, 1 MAR 51, WHICH MAY BE USED.

TOP SECRET C. S. FILE COPY

資料④指揮權密約文件

這一份機密文件顯示，吉田首相和克拉克上將，在一九五二年七月二十三日締結指揮權密約。第二次是在兩年後的一九五四年二月八日，由吉田首相和約翰·哈爾上將締結。這份文件是獨協大學名譽教授古關彰一先生，在一九八一年發現的。

換句話說，克拉克要吉田允諾，萬一戰爭爆發，日本的軍隊（當時為警察預備隊）要聽從美軍的指揮作戰。這一點我們看吉田的答覆就知道了：

「吉田先生馬上表示，緊急情況下確實需要單一的司令。就現狀來看，他也同意司令官由美利堅合眾國指派。接著他還說，這個協定最好暫時保密，以免對日本國民造成政治上的衝擊。墨菲（駐日大使）和我都表示認同。」

戰事一旦爆發，總要推一個總司令出來，就現狀來看美軍司令也足堪重任。吉田用這樣的表達方式，承認美軍指揮日本部隊的權利。一九五二年七月二十三日，日本主權獨立才三個月，口頭上的「指揮權密約」就成立了。

◎徹底隱匿

這裡請各位記得，吉田、克拉克、墨菲三人，都同意「這個協定最好暫時保密，以免對日本國民造成政治上的衝擊」。

最後，國民整整被欺瞞超過六十年。仔細想想，也難怪他們會這樣做。提供基地給外國軍隊，雖然是危害國家主權之事，但多少還有辯解的餘地。畢竟國家安全無價，提供基地和駐留經費都是小事。簡單來說，這可以用錢的問題來打發。

不過，**把自家軍隊的指揮權交給其他國家，這是完全無法辯解的「屬國」關係，絕對無法對外聲張**。

況且，五年前（一九四七年）制定的憲法第九條明確指出，日本放棄了「戰爭」和「軍隊」，政府自然不可能公開答應，在美軍的指揮下採取軍事行動。

因此，美日雙方從一九五一年一月開始，交涉日本恢復主權的事宜，過程中只有關於軍隊指揮權的問題被徹底隱瞞。

同年的二月二日，美方在一開始提出的舊安保條約草案中，有寫道「戰時美軍司令有指揮日本部隊的權利」，在日後的交涉中也一直要求這項權利。

可是，寫成正式的條文會被日本國民發現，只好在日本主權恢復後締結密約了。

後來，美方根據指揮權密約，在密約締結的三個月後，讓占領時建立的「警察預備隊」升格為「保安隊」（一九五二年十月十五日）。兩年後，美日雙方締結第二次口頭密約（一九五四年二月八日：吉田首相和約翰・哈爾上將），「保安隊」又升格為「自衛隊」（同年的七月一日），持續重整日本的軍備實力。

古關先生揭發至關重大的指揮權密約，但幾乎沒有像樣的回應，編輯部只收到一張嘲諷古關先生的明信片。上面寫著：刊登這種大家都知道的報導，一點意義也沒有。

在雜誌推出的兩年前（一九七九年），記載「天皇訊息」的祕密文件曝光（昭和天皇在一九四七年九月，透過心腹向ＧＨＱ表明，希望美軍長期占領沖繩），民間依舊沒有什麼反應。每次日本人面對重大議題，就會選擇視而不見。或許，面對這些重大的議題，人民只能用這種冷漠的態度，淡化問題的嚴重性，來保持精神上的安定吧。

可是，就像我前面提到的，締結這些密約的美日政要，他們都很清楚這些協議對日本的主權傷害有多大。

「指揮權密約」是戰後美日關係中最隱密的協議，事實上我也是瞭解這一段歷史後，才終於明白美日之間的法理關係全貌。

◎一切始於韓戰

詳細的前因後果，我全寫在《日本如何成為「有能力戰爭的國家」》一書中，有興趣的讀者請翻閱看看。

這一章我總共歸納了兩個重大事實要告訴大家。

先來講第一點。

之前我一再重申，日本在軍事層面上的極端從屬架構。全世界除了韓國以外，大概也沒有其他國家的駐留美軍，擁有如此龐大的法律特權了。

過去我始終不明白，為什麼只有日本的情況這麼誇張？深入研究指揮權密約的歷史後，我總算知道原因了。

說穿了，一切都和韓戰有關。

在日本人和美國人心中，韓戰算是一場「被淡忘的戰爭」，我自己也沒什麼印象。然而，這其實是一場決定戰後世界走向的大戰，尤其對「戰後的日本」來說，韓戰擁有決定性的重大意義（韓戰目前算是休戰，就法理上來說還沒打完）。

朝鮮戰爭前後打了三年（一九五〇到一九五三年），日本恢復主權的時間正好夾在中間，這三年間美國在朝鮮半島展開了激烈的戰鬥，也影響到安保條約和行政協定的內容。

也不曉得為什麼，過去我研究安保條約和行政協定的條文時，並沒有研究那些內容和韓戰之間的關聯。

不過，**韓戰的戰況對每一則條文都有直接的影響**。

◎深陷危機的美軍

請看左頁的圖十四，一九五〇年六月二十五日韓戰爆發，起初從日本出擊的美軍（聯合國軍）敗得十分徹底。這是麥帥的判斷失誤，他認定北韓絕對不會南下進犯，完全沒有做好迎敵的準備。

結果美軍開戰才一個多月，就像圖②那樣被打到朝鮮半島南邊的釜山一帶，就只差沒跳進朝鮮海峽。

可是，美軍並沒有被擊潰。因為在朝鮮海峽的另一邊，有源源不絕的武器、彈藥、士兵從日本送往戰區。就軍事理論上來說，只要後勤補給沒有中斷，戰爭就不會失敗，美軍的戰況完全符合教科書上的理論。

後來，麥帥發動知名的仁川登陸戰（九月十五日），戰況就像圖③所演示的一樣，一度反攻到中國的邊界附近。中國派軍參戰後，才又退回到三十八度線一帶。

對美軍來說，這是史上最艱困的戰役之一。

◎各種戰爭支援

美國陸軍打著盟軍的名義占領日本，而日本在這種狀況下，也被迫以各種方式支援這一

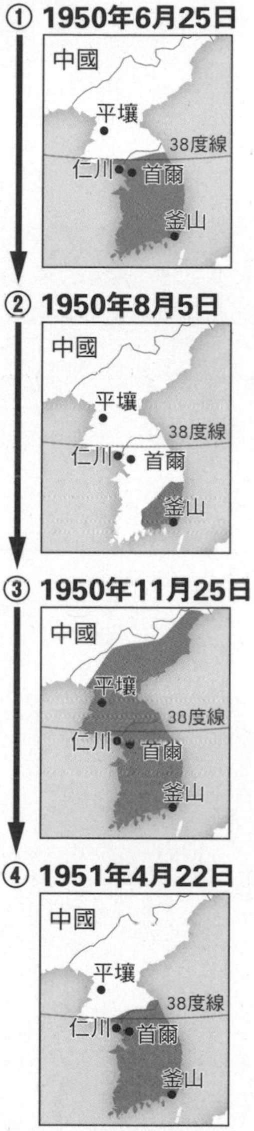

圖十四　韓戰勢力演變

場戰爭。日本在戰敗後接受波茨坦宣言，在法理上沒有權利拒絕駐日盟軍總司令麥克阿瑟的要求。

因此，美軍在朝鮮半島發動登陸作戰，日本要派遣掃雷艦除去水雷。另外，日本還創設警察預備隊（七萬五千人）安插到美軍基地，協助運送美國大兵和軍用物資，幫忙調度及維修武器車輛。可以說，日本是傾全國之力在支援韓戰。

也多虧有「韓戰需求」所帶來的龐大經濟利益，日本經濟的復甦相當順利。

韓戰開打七個月以後（一九五一年一月一日），美日開始交涉日本恢復主權的事宜。日本也簽署條約，答應在恢復主權以後，持續提供美軍各種韓戰上的支援。

這個條約就是一九五一年九月八日，美日雙方在簽署舊金山和約和舊安保條約時，另外簽署的「吉田和艾奇遜換文」（詳見左頁）。我想各位讀者應該都不知道這件事，當時的國民也並不清楚這項協議真正的涵義。

解說

吉田和艾奇遜換文

這個重大的協議，和舊金山和約、舊安保條約一樣，都是在一九五一年九月八日，於美國舊金山簽定的。所謂的「換文」，是政府負責人之間用書信往來的方式，所達成的一種廣義的條約。

「吉田和艾奇遜換文」與舊安保條約一樣，都是一種「實質的密約」，內容也沒有事先讓日本國民瞭解（艾奇遜是當時美國國務卿的名字，也是同時在舊金山和約和舊安保條約上簽字的人）。

原則上在占領期結束以後，把美軍駐留的權利（舊安保條約），以及日本對美軍的軍事支援（吉田和艾奇遜換文）當成交換條件，是違反波茨坦宣言和聯合國憲章的。所以日本簽署舊金山和約，恢復主權獨立以後，必須假裝自願締結這些條約，這種演出工作是由美方交涉人員杜勒斯（詳見一九〇頁）安排的。

所以，九月八日上午，在舊金山的豪華歌劇院簽署和平條約時，表面上那些文件仍不存在。事實上，美方早就準備好所有文件了。當天下午五點以後，吉田首相前往舊金山郊外的美軍基地內，單獨簽署了剩下的兩項協議。

當初在美日交涉的過程中，美方提出的「吉田和艾奇遜換文」，原文內容如下：

「（舊金山和約與舊安保條約生效時）如果聯合國在朝鮮的軍事行動仍未結束，**日本同意聯合國透過日本，使用之前的方式支援朝鮮的聯合國軍。**」（一九五一年二月九日）

詳情請各位參閱《日本如何成為「有能力戰爭的國家」》一書，這裡的重點在於「朝鮮的聯合國軍」，以及透過日本提供支援的「聯合國」，其實都是指美軍的意思。

換句話說，自韓戰爆發以來，日本遵從占領軍的指示提供美軍後勤支援，這些支援在日本主權獨立以後也沒有停止。這才是「吉田和艾奇遜換文」的真正意義。後來美日交涉，這項協議又被改得更加誇張。日本的支援區域已經不限定於「朝鮮」，在國際法上只能支援「聯合國」的限制也取消了。

於是，全球再也找不到其他國家像日本這樣，必須遵照條約協助美軍作戰。

◎持續占領時的戰爭協助體制

這份條約在安保改定後，到現在依然有效。最難以置信的是，這種**「占領後持續協助美軍作戰」的法律關係，在二十一世紀的今天同樣存在**。

也就是說，「戰後日本」走到今天這一步，仍然背負著支援美軍作戰的義務。之前我三番兩次提到，日本是一個不正常的國家。日本之所以扭曲，**並不是「占領體制持續」的關係，而是「協助美軍作戰的體制持續」所導致的**。

韓戰開打四個月後，也就是一九五〇年的十月，海上保安廳的掃雷艦在美軍指揮下，參與朝鮮半島的登陸作戰。結果一艘掃雷艦被水雷炸沉，造成一人死亡，十八人受傷。

這無疑是實質的「參戰」，締結指揮權密約的用意，就是讓日本在恢復主權以後，繼續幫助美軍作戰。

一九五二年七月，吉田在美軍司令官的住宅締結指揮權密約。當我開始調查這段歷史，終於看清這種龐大的法理架構了。

◎美軍撰寫的安保條約

在調查的過程中，我還發現了另一個難以置信的事實。

本書中多次提到**舊安保條約和行政協定（現稱地位協定）**，**是多麼不平等的條約。這些不平等條約，是美軍在韓戰陷入劣勢以後，為了讓日本協助作戰所制定出來的。**

過去我也在自己的著作中多次提到，為什麼首都圈的上空依舊被美軍支配？為什麼美軍犯罪不會受到制裁？現在我知道這些條文都是出自美軍之手，也難怪他們可以為所欲為。每一項協議當中，都記載了有利於美軍作戰的理想條件。

看過美軍制定的舊安保條約「原案」（一九五〇年十月二十七日的文案），就可以知道美日軍事關係延續至今的本質。制定原案的是馬格盧德（Carter B. Magruder）陸軍少將，每一則條文的制定過程，在美方公文中都有詳實記載。

詳情留待日後說明，我們先來細看舊安保條約．原案的第十四條「日軍」項目。上面已經預言了，日本自一九五二年恢復主權，直到二〇一五年安保關連法成立，這六十三年來美日之間會有怎樣的軍事關係。

①「這份協定（舊安保條約）有效期間，日本政府不會創立陸、海、空軍。不過，關於這些軍隊的兵力、種類、編制、裝備等各方面，如有美國政府的建議和同意，且建軍計劃完全遵照美國政府的決定，則不在此限。」

②「當美軍司令部判斷有戰爭的威脅時，所有的日本部隊要接受美國政府任命的總司令指揮。」

③「日本建軍的情況下，不得在日本國外進行戰鬥行為，除非在前項（美國政府任命）的總司令指揮之下。」

（以上為十四條第三節到第五節摘要，編號是作者補上的，原文網址如下：http://history.state.gov/historicaldocuments/frus1950v06/pg_1341）

二〇一〇年六月，鳩山政權瓦解以來，我花了好幾年調查對美從屬的真相，以及「戰後日本」扭曲的原因。在我讀到這份美軍制定的舊安保條約原案後，發現所有的原因都凝聚在這份條文中。

自家的軍隊從創立之初，在架構上就注定要服從他國，這種國家根本不是獨立國家，再也沒有比這更單純的事實了。

◎注定被破壞的憲法

「戰後日本」恢復主權已超過六十年，現在回過頭來看，這三項條文在軍事上幾乎預言了這個國家的歷史。

我們再來細看這幾則法條。

首先是第二條。

「當美軍司令部判斷有戰爭的威脅時，**所有的日本部隊要接受美國政府任命的總司令指揮。**」

這就是一九五二年日本恢復主權後，吉田和克拉克締結「指揮權密約」的來源。

美軍在韓戰開打四個月後（一九五〇年十月二十七日），制定了此一指揮權的條文，後來在日本恢復主權的交涉過程中，也多次被提出來。但我們前面也提過，這一則條文最後只能成為密約，無法簽署正式的條文。

至於第一條和第三條，亦預言了日本在恢復主權後，會發生兩起嚴重的毀憲事件。

◎破壞憲法第九條第二項

請各位先看第一條的開頭。

「這份協定（舊安保條約）有效期間，日本政府不會創立陸、海、空軍。」

不消說，這和日本國憲法的第九條第二項是一樣的內容。看過這一份舊安保條約的「原案」，不難發現「日本不得擁有軍事力量」的基本方針，本來是出自美國軍方的要求。

可是，他們也不是完全不讓日本擁有軍事力量，條文的後面還加了但書。

「**關於這些軍隊的兵力、種類、編制、裝備等各方面，如有美國政府的建議和同意，且建軍計劃完全遵照美國政府的決定，則不在此限。**」

換句話說，一九五〇年六月韓戰爆發，美軍一開始處於劣勢，他們無論如何都需要日本的軍事力量。

於是，同年十月制定的這一份舊安保條約原案，附加了一個例外條件。那就是建軍計劃在各個層面上，要完全遵照美國政府的指示，這樣日本才可以擁有自己的軍隊。

這麼做也注定了憲法第九條第二項被破壞的命運，日本再次踏向重建軍備的道路，人民卻完全被蒙在鼓裡。

同一年的八月十日，日本開始設置七萬五千人的「警察預備隊」，這是麥帥在韓戰的動亂中下令建立的（七月八日下令）。

當時美軍部隊前往朝鮮半島作戰，這是用來代替美軍鎮守基地的「軍隊」。然而，政府卻說這支武裝部隊單純是「警力的延伸」，以規避違憲的批判。

警察預備隊的創立者，是占領軍的法蘭克．科沃斯基（Frank, Jr. Kowalski）上校。他說警察預備隊的創立計劃和實行，都是美國人一手包辦的，說是他們美國人的手筆也不為過（《日本重建軍備——美國軍事顧問團幕僚長的紀錄（日本再軍備 - 米軍事顧問団幕僚長の記録）》Simul 出版會發行，引用內容為作者的摘要翻譯）。

換言之，完全遵照美國政府指示的建軍計劃，在占領時期就已經進行。日本在恢復主權以後，吉田締結了第二次口頭密約，將警察預備隊升格為保安隊（一九五二年）和自衛隊（一九五四年）。

◎破壞憲法第九條第一項

再來請看第三項條文。

這一則條文，等於是六十五年後（二〇一五年）安倍政權第二次毀憲的出發點。

開頭的內容如下。

「**日本建軍的情況下，不得在日本國外進行戰鬥行為。**」

這是憲法第九條第一項的核心內容，亦即永遠不以戰爭作為解決國際紛爭的手段。看得出來「禁止日軍出兵海外」，本來也是美國軍方的軍事要求。

那時候二次世界大戰剛結束不久，韓國、中國、臺灣、菲律賓、澳洲等國家，對日軍還有極大的忌憚與恐懼。在探討終止占領的議題時，也必須顧慮到這些國家的擔憂。

所以，日本沒有出兵海外的權利。可是，這一條同樣有個但書：

「除非在前項〔美國政府任命〕的總司令指揮之下。」

意思是，只要日本同意美軍握有指揮權，那麼日本不只可以重建軍隊，甚至還可以在其他國家發動戰爭。若說條文①破壞了憲法第九條第二項，那麼這一則條文③等於破壞了憲法第九條第一項。

◎「出兵海外違憲，自衛隊和美軍基地沒有違憲」

日本人要認清幾個事實，自衛隊成立是在破壞憲法第九條第二項（不持有戰力），而這個破壞在占領結束的兩年以後就成真了。相對地，海外出兵是在破壞憲法第九條第一項（放棄戰爭），但經過了六十多年，這個破壞還沒有完全成真。

破壞第九條第一項是非常嚴重的問題，日本人一直以來都在拚命抵抗。

日本國民認真反對的話，那些位高權重的人也無法透過密室協商亂來；可是一旦相關的法律架構和協議內容改變，就可以慢慢朝他們要的方向發展。這兩個現實是我們要認清的。

「戰後日本」在政治上不經意地分為三股勢力：

①自民黨右派（贊成安保、改憲派）

②自民黨自由主義派（贊成安保、護憲派）

③社會黨與其他革新政黨（反對安保、護憲派）

這三股勢力在戰後，長久以來各占有三分之一的席次，①和②維護安保體制，②和③維護憲法第九條第一項（禁止海外出兵），這就是日本的政治體制（摘錄自《再見了，吉田茂（さらば吉田茂）》一書，片岡鐵哉著，文藝春秋發行）。

在這種微妙的平衡下，自民黨自由派的「保守本流[17]」穩居政治界中心，因此大家對憲法的詮釋一向是「出兵海外違憲，但自衛隊和美軍基地不違憲」，而這樣的認知也讓自民黨自由派的政治立場正當化。

◎惡夢化為現實

這種憲法詮釋確實不合邏輯，但②和③只要在背地裡聯手阻止海外出兵，那麼就算指揮權在美軍手上，自衛隊也只能參加國內的戰爭，保衛自家的領土。所以，這種詮釋法倒沒有

17 — 譯註：自民黨中的一個派系和路線，講究經濟，不重軍事。

太大矛盾。

我們可以主張，和強大的美軍共同對抗外侮是合理的選擇。

而歷代自民黨首相，在面對美國政府龐大的壓力時，也能搬出憲法第九條拒絕出兵，畢竟第九條就是美國人自己加上去的。

儘管這是一種很奇怪的憲法詮釋方法，可是在戰術應用上沒有太大缺失。若不計較駐日美軍的相關問題，我們日本人不必上戰場殺人或犧牲，在經濟上也可享有極大的好處。這對日本人來說，是個相當有利的選擇。

無奈這個微妙的平衡，隨著三十年前冷戰結束逐漸消失。二〇一五年安保關連法制定後，憲法第九條第一項「自衛隊僅在國內活動」的約束力也消失了。

過去美國在韓戰時期，就希望自衛隊完全處於美軍的掌控之下，一旦美軍司令部判斷有戰爭的需要，自衛隊就得在他們的指揮下，前往世界各地作戰。

如今，這個惡夢就快要成真了。

第九章——美國代表「聯合國」

美國前國務卿萊斯
日本一直受到美國軍方的殖民統治，
雙方到底是怎樣的關係啊？
「美軍與日本政府」的異常關係，連美國總統和國務卿都無法真正瞭解。
這當中的玄機，其實是這樣的。
一九五〇年
麥克阿瑟元帥
美軍也該撤退，讓日本恢復主權了，這是波茨坦宣言的約定。
軍方
不能讓日本恢復主權！韓戰開打了，我們要利用一旁的日本才行啊！
我有一個好方法，可以讓日本恢復主權，同時又逃不出美軍的掌握。
美日安保的「創始人」約翰．福斯特．杜勒斯。
雙方只要締結條約，維持占領時的關係，讓日本在獨立以後，持續提供「（名為）聯合國軍（但實為美軍）」基地和兵力就行了。
賊笑
好，就這麼辦。

回顧指揮權密約的歷史，就能看出戰後美日間無數軍事協議的全貌究竟為何了。美軍在韓戰時制定的舊安保條約原案，就是一個很重要的線索（一九五〇年十月二十七日的原案）。

這份原案中的指揮權項目，前面已經提過。

那麼，關於基地權又是怎麼寫的呢？

我們來看「第二條・軍事行動權」這一項，非常直截了當地呈現美日安保的本質，就和左邊的說明一樣（以下內容為條款摘要，〔 〕中內容為作者解說。

資料來源 http://history.state.gov/historicaldocuments/frus1950v06/pg_1337）。

◎「美軍原案」中的基地權條款

○**日本全土屬於軍事防衛行動的潛在區域。**

〔這就是「全境基地方式」的由來，美軍可以在日本境內的任何地方設置軍事基地，採取任何軍事行動，日本不得拒絕。〕

○**如有必要，美軍司令在通知日本政府後，可不受限制地進行軍隊的戰略配置。**

〔在其他國家（日本）設置軍隊，竟然「不受限制」，這是很荒唐的表現方式。這一條和剛才提到的「全境基地方式」條文，後來成為舊安保條約的第一條，「美國有權

在日本國內及其周邊配置美軍」。〕

○美軍會先和日本政府協商，再進行軍隊配置上的重大變更，但在有戰爭威脅的情況下則不受此限。

〔像配置核武這一類的「重大變更」，美軍會先和日本政府「協商」。不過，這不是「沒有達成協議就不執行」的意思，而是「日本無法片面拒絕」。另外條約還有寫道，若有戰爭爆發的風險，那麼不管是配置核武或任何軍備，美軍都不需要和日本協商。〕這才是美日安保的本質，為了隱瞞自己的國民，日本許多首相都曾與美國締結「核武密約」或「事前協議密約」。

○平時美軍通知日本政府後，可在日本境內或沿岸進行軍事演習。

〔就算沒有戰爭的威脅，美軍在單方面「告知」日本政府後，也可以任意在日本全境或沿海地區進行軍演，連「協商」都不需要。二〇二〇年以後，危險的魚鷹式傾轉旋翼機將在日本國內進行低空飛行訓練，原因就是出自這一則條文。〕

◎支配日本的方程式

在美軍制定的舊安保條約的原案中，不管是指揮權或基地權的項目，都如實記載了美日安保的本質。

把這份「美軍原案」和第五章提到的「密約方程式」套在一起，你會發現戰後將近七十年的時間，美日之間無數的軍事問題，其實都是一整個巨大流程的一部分。

這裡要請各位回想一件事，戰後美日間締結的軍事協議，有一基本的大原則：

「不利的老舊協議」＝「表面工夫完善的新協議」＋「密約」

一九五〇年十月制定的「美軍原案」，只經過些許的修改，就在美日正式交涉的場合上提出來了。從這一點來思考，戰後美日間締結的所有條約、協定、密約，都可以具體歸納成下列的方程式。

「美軍制定的舊安保條約的原案」＝「戰後的正式條約或協定」＋「密約」

得出這一個方程式以後，過去那些莫名其妙的謎題，幾乎都能迎刃而解。**從軍事層面來**

看「戰後日本」的歷史，其實就是一個喪權辱國的漫長流程，美軍在韓戰時制定的舊安保條約原案，在各種密約的效力下逐漸成真。

最典型的例子，是二〇一五年引起軒然大波的安保關連法。誠如前述，這本來是一九五〇年十月制定的「美軍原案」中，與海外出兵有關的條文。在過了六十五年以後，終於正式成為檯面上的國內法。

當然，歷任首相、大臣、官僚中，有人努力對抗這個潮流，也有人積極推動來獲得自身利益。

不過，這些個人的故事從軍事層面來看，都是美軍原案在逐步實踐的漫長過程中，一些微不足道的分鏡罷了，這才是真正的日本戰後史。

說來可悲，但我們必須正視現實。只有瞭解現實，剖析當中的玄機，才能找到打破困境的辦法。當我們用反對運動延緩惡法實施，要抓緊時間解開美日間的法理架構，思考根本性的解決之道。

◎美國拒絕安保條約的集體自衛權[18]

二〇一五年國會審議安保關連法時，集體自衛權成了爭論的焦點。那時候國會前的抗議群眾以學生為主，他們不斷疾呼政府護憲，要求安倍政權不得強渡關山。我也去跟著他們喊

名稱	簽署年間	最初締約的國家	聯合國憲章的依據
里約條約（美洲國家互助條約）	一九四七年	美國、巴西等十九個國家	集體自衛權
北大西洋公約組織（NATO）	一九四九年	美國、英國等十二個國家	集體自衛權
美菲共同防禦條約	一九五一年	美國、菲律賓	單獨自衛權
太平洋安全保障條約（ANZUS）	一九五一年	美國、澳洲、紐西蘭三國	單獨自衛權
舊美日安保條約	一九五一年	美國、日本	無
美韓共同防禦條約	一九五三年	美國、韓國	單獨自衛權
中美共同防禦條約	一九五四年	美國、中華民國（臺灣）	單獨自衛權
東南亞條約組織（SEATO）	一九五四年	美國、英國、法國、澳洲、紐西蘭、菲律賓、巴基斯坦、泰國等八國	單獨自衛權
新美日安保條約	一九六〇年	美國、日本	單獨自衛權

根據肥田進著述《集體自衛權與其適用問題（集団的自衛権とその適用問題）》製成（成文堂發行）。在原典中新舊安保條約被歸類為「美日同盟」。

了幾次，但我不贊同放棄集體自衛權的主張。

因為我很清楚，一九五一年一月底美日開始交涉的過程中，日本拚命想用聯合國憲章的集體自衛權，來作為舊安保條約的依據，反而是美方持續反對這一點。

這兩者的關係，在安保改定後基本上也沒變。

◎北約與「美日同盟」的差異

這到底是怎麼一回事呢？

18 ― 譯註：指當盟國遭受威脅時，就算自己的國家沒有受到實際傷害，也可以出兵的權利。

請看上圖，這是名城大學的名譽教授肥田進（日本研究約翰．福斯特．杜勒斯〔John Foster Dulles〕的翹楚）歸納的圖表，**美國只和中南美及歐洲，簽署集體自衛權的安全保障條約（亦即美洲組織和NATO），因為這些國家對美國的生死存亡至關重要，而且都是多國間的條約**。除此之外，皆屬於「共同防禦條約」，基本上是根據單獨自衛權互相協助。

各位可能根本不知道這個事實吧？其實看一下美國和各國締結的條約，你就會發現這是無可否認的事實了。

比方說，NATO（北大西洋公約）的條約中有寫道，加盟國遭受攻擊視同所有盟國受到攻擊，應行使單獨自衛權或集體自衛權，採取必要的措施，包含使用武力（第五條）。這就是基於「集體自衛權」簽訂的共同防禦條約。

相對地，日本的新安保條約（第五條）和其他亞洲地區的條約，只寫道特定區域內（例如太平洋地區）的加盟國遭受攻擊，視同危害到自身的安全，因此要依照憲法的規定和手續解決共通的危險。

換言之，這不代表美國會出兵保護加盟國，顯然這只是「基於單獨自衛權所制定的合作關係」。

一九五九年六月，正值安保改定的交涉期間，美國國務院發給麥克阿瑟大使的電報中有說道，那一句「依照憲法的規定和手續」，是國務院經過長期的謹慎研究所得出的結論。換句話說，美國表面上說要簽署「共同防禦條約」，但背地裡又想出了投機的條文，來擺脫保護盟國的義務。

◎美日兩國「真正的關係」

安倍首相強行通過安保關連法，恐怕是抱有不切實際的幻想吧。他可能以為只要日本能行使集體自衛權，就可以和美國保持對等的關係，共同對抗任何威脅。

不過這是天大的誤會，美日安保條約是美國和亞洲國家締結的兩國條約，今後絕對不可能基於集體自衛權，變成平等的共同防禦條約。

大家看指揮權密約就該知道，按照目前美日間的軍事關係，日本的軍力變強，憲法失去約束海外出兵的力量，我們反而只會被美軍司令利用而已。

所謂的集體自衛權，和現存的美日安保條約基本上是毫無關聯的。然而，美國軍方卻強烈施壓，在二〇一五年九月，強行通過行使這項權限的國內法。

美日兩國「真正的關係」究竟是怎麼一回事？這種極度不平等的關係，在國際法的邏輯下又是如何正當化的？

在一九五〇年十月，美軍的舊安保條約原案出現之前，還有前一個階段的「條文」。要解開美日關係的謎團，我們要來調查一下條文中的玄機。

這一調查，所有的謎底都揭曉了。

◎「日本全境是美軍的潛在基地」

左邊是美軍原案出現的四個月前（一九五〇年六月）設計的「條文」，請各位先閱讀條文的內容。

> ○日本全境，應視為美軍防衛作戰的潛在基地。
> ○美軍司令有在日本全境任意配置軍隊的自由。
> ○為避免影響到日本國民的觀感，條約上會註明與美軍配置有關的重大變更，美軍司令會先和日本首相協商。不過，有戰爭危險的情況下除外。

我知道，你們大概覺得這和美軍原案的內容一樣對吧？

是的，內容確實一樣。

可是，這些「條文」的重要性不在內容。

問題出在撰寫條文的人身上，執筆的人物是麥帥。他在四年前制定了憲法第九條，之後也一再重申日本本土絕不會有美軍基地。

結果，他卻突然寫下相反的條文，將日本全境視為美軍的潛在基地，令人懷疑他的腦筋是不是出了問題。而且，這個「條文」是在一九五〇年六月二十三日撰寫的，也就是韓戰爆發的前兩天。

這一份被稱為「六二三備忘錄」的報告書，我調查它的背景以後，終於找到日本「戰後史之謎」的最後一個解謎關鍵。這一趟始於二〇一〇年的「解謎之旅」，也宣告終結（參照「六二三備忘錄」第二項。http://history.state.gov/historicaldocuments/frus1950v06/pg_1227）。

◎麥克阿瑟的猶豫

每一個國家，都要面臨決定國家未來的重要時刻。「戰後日本」的關鍵，肯定是一九五〇年六月韓戰爆發的時刻。包含開戰日（六月二十五日）的那幾天，大幅改變了日本未來該有的姿態。

我們先來回顧一下當時的狀況。

日本在二戰投降後，已被盟軍占領了將近五年。指揮占領軍的麥帥和美國國務院，希望盡快結束占領。否則繼續拖延下去，輿論可能會批評美國違反「領土不擴張」的原則。

反之，美國軍方堅決反對終止占領日本。

因為一九四九年十月，奉行共產主義的新中國誕生了（中華人民共和國）。中國在一九五〇年二月，和同為共產主義的蘇聯結為軍事同盟（中蘇友好同盟互助條約），以日本和駐留在日本的美國為假想敵。

以憲法第九條解除日本戰力的麥帥，認為只要在沖繩設置強大的空軍，就能破壞亞洲沿岸的敵軍。如今情勢這樣演變，他也沒辦法主張日本本土不需要軍事力量了（無法主張憲法第九條第二項是正確的）。

美國軍方提議，美日雙方在締結和平條約後，美軍應該持續駐留日本。麥帥對此也開始表達諒解，問題是這麼重大的方針轉變，該用什麼樣的合理方式來推動？

◎杜勒斯利用韓戰

在這種狀態下，韓戰突然爆發了。

按照常理思考，戰爭爆發軍方是不可能讓日本恢復主權的。

沒想到，號稱安保創始人的約翰．福斯特．杜勒斯，以他高超的手段扭轉了整個局面。當年，杜勒斯就任國務院顧問才兩個月，韓戰爆發時他正好來日本訪問。他反過來利用韓戰，成功讓美國軍方同意日本恢復主權。

他用來說服軍方的有力材料，就是方才提到的「六二三備忘錄」。

「要打贏這場中蘇介入的大戰，無論如何都需要一旁的日本支援。如果你們軍方答應日本恢復主權，我一定讓日本全力協助這場戰爭。過去麥克阿瑟元帥並不贊成在日本恢復主權後繼續駐軍，現在他也打算把日本全境當作基地使用了。」

這就是杜勒斯用來說服軍方的邏輯。

也多虧他努力不懈的說服奏效，軍方終於點頭同意。韓戰爆發的兩個半月後，也就是一九五〇年的九月八日，他以下列兩條基本方針作為條件，展開對日和平條約的交涉工作，並獲得杜魯門總統的認同：

〇美國有權在日本的任何地方，安插必要的軍隊，駐留必要的時間。

〇關於軍事問題，將在和平條約之外，制定其他的兩國協議（後來的舊安保條約），其原案由國務院和國防部共同制定（制定以軍方為主）。

◎「六二三備忘錄之謎」

麥帥與杜勒斯（共同通信社提供）

突然爆發的韓戰是個巨大的負面因素，杜勒斯卻反過來利用韓戰，促成原本快要碰壁的對日和平條約。姑且不論我們喜不喜歡這個人，杜勒斯確實本領高超。

不過，這當中有一件事我實在想不透。麥帥和杜勒斯一直到六月二十五日當天，都沒料到韓戰會開打。杜勒斯在開戰前的一個禮拜，還跑去韓國視察三十八度線，他在六月二十一日回日本報告時，也說朝鮮半島沒有太大的危險。

在這種情況下，麥帥竟然會在開戰的前兩天，也就是六月二十三日，寫下完全違背過去方針的報告書（文件），將日本全境視為美軍的潛在基地。而這樣的內容，後來甚至成為杜勒斯說服軍方的材料。

這份文件撰寫的時機和內容，未免太不自然了。

為了解開這個疑問，我再一次上網檢閱美國國務院公開的「六二三備忘錄」原文，發現註腳當中寫了這樣一段話：

「這份文件夾帶在艾利森先生（當時的國務院東北亞事務處處長，杜勒斯拜訪日本的同行者）六月二十九日的備忘錄中，是為第四項補充資料，而本資料集並未收錄艾利森先生的備忘錄。」

換言之，編纂這份資料（美國外交文件 FRUS）的國務院歷史文獻辦公室成員，特地告訴我們一個事實。能證明六二三備忘錄撰寫於六月二十三日當天的，只有杜勒斯和艾利森二人。

因此，這個問題確切的史實歸納起來有以下四點。

① 除了杜勒斯和他的部下艾利森以外，無人能證明這是麥帥在六月二十三日撰寫的。

② 「六二三備忘錄」當中的內容，麥帥不只六月二十二日和杜勒斯商量過，在韓戰爆發

的隔天，也就是二十六日也有會談參詳（詳見杜勒斯的「六三〇備忘錄」的相關解說〔參照一九八頁〕，以及理查德・菲恩著述《麥克阿瑟與吉田茂〔マッカーサーと吉田茂〕》，同文書院發行）。

③「六二三備忘錄」當中的「全境基地方式」等內容，和過去麥帥的方針完全相反。

④在六月二十五日韓戰爆發後，杜勒斯持續用「六二三備忘錄」作為說服美國軍方的材料。

以上這些事實按常理推斷，「六二三備忘錄」是麥帥和杜勒斯，依照開戰後的會談內容制定的（二十六日的會談），而非開戰前的會談（二十三日的會談）。

意思是，杜勒斯在韓戰爆發以後，迅速制定了新的「對日方針」。但他要保住麥帥的自尊心和面子，才竄改備忘錄的制定日期，佯裝麥帥在開戰前就已經改變方針了。

我之所以這麼執著一份報告書的日期，主要是這一份「六二三備忘錄」，和另一份決定日本命運的關鍵報告書是共同撰寫的。

另一份報告書叫「六三〇備忘錄」，這是杜勒斯用自己的名義撰寫的，他在結束訪日行程回國後，寫了這一份報告解說「六二三備忘錄」的內容。而這一份報告書當中，隱藏了「戰後史之謎」的最後一個關鍵。

◎美國擁有的最大武器

每次閱讀美國的公文，我都有一個感想。戰後世界的歷史，儼然就是法理的支配史。不只國務院的官僚重視「法理的正當性」，連總統和將軍也一直在討論這個問題。當然這不是在追求「法理的公平性」，而是思考如何以國際法的名義，強迫其他國家做出對他們有利的政策或決定；他們在制定政策的時候，也會探討那些行為引發國際社會反感的可能性。

畢竟，沒有人可以二十四小時拿槍逼迫他國人民就範。可是，使用「國際法↓條約↓國內法」的法律架構，他們不必親自動手，其他國家的檢警就會幫忙逮捕不聽話的人，美國不必花費任何支配成本。**在戰後世界，最強大的武器不是軍事力量，而是國際法**。

◎利用聯合國憲章第四十三條和一〇六條

在占領時期被稱為「碧眼將軍」的麥克阿瑟，他的權力來源也不是軍事力量，而是波茨坦宣言。他用日本投降時接受的這十三條宣言為法理依據，經常下達各種命令。

問題是，波茨坦宣言有明確記載，占領軍在達成占領目的後應迅速撤退（第十二項）。這是依照大西洋憲章「領土不擴大」的原則制定的條款，即便麥帥權傾天下，也不能隨意取消這一則條款。

美國軍方則認為，除非獲得在日本安插軍事基地的保證，否則不該締結和平條約，讓日本恢復主權。

這麼麻煩的問題，到底該如何解決呢？

最重要的關鍵是，杜勒斯在面對韓戰這個重大的歷史事件時，迅速想出了一個基本方針告訴麥帥。也就是用「**聯合國憲章第四十三條和一〇六條**」，解決美軍基地問題（詳見「六三〇備忘錄」內容）。

現在回想起來，這正是「戰後日本」最重要的關鍵時刻。這個國家延續至今的「形態」，在那一刻就已經決定了。

我會用簡單易懂的方式說明這個複雜的法律玄機，想深入瞭解的讀者，請參考《日本如何成為「有能力戰爭的國家」》一書。

◎杜勒斯使用的方法

「聯合國正規軍」到頭來並沒有實現，但聯合國憲章第四十三條是最重要的相關條文。條文規定，所有加盟國和安理會各自締結「特別協定」，提供聯合國軍力和基地，負起支援戰爭的義務。

一〇六條則是「暫定的條款」，這是指在聯合國軍實際組成之前，安理會的五大常任理事國，可以代替聯合國執行必要的軍事行動。這本來是聯合國憲章中短期的過渡條款，但在聯合國軍沒有成立的情況下，反倒給了五大國非常大的特權，於是就這樣保留下來了（現在同樣存在）。

杜勒斯建議麥帥，把這兩條放在一起詮釋的話，就法理上來說，美軍在占領結束後依然能駐留日本。

第四十三條有提到「加盟國有義務提供基地給聯合國軍」，那麼用一〇六條來詮釋，日本在聯合國軍成立之前，必須提供基地給「代表聯合國的美國」。

我們用圖示來說明這個複雜的法律邏輯吧：

杜勒斯知法玩法的技巧
用一〇六條重新詮釋
（僅限於聯合國軍成立以前）

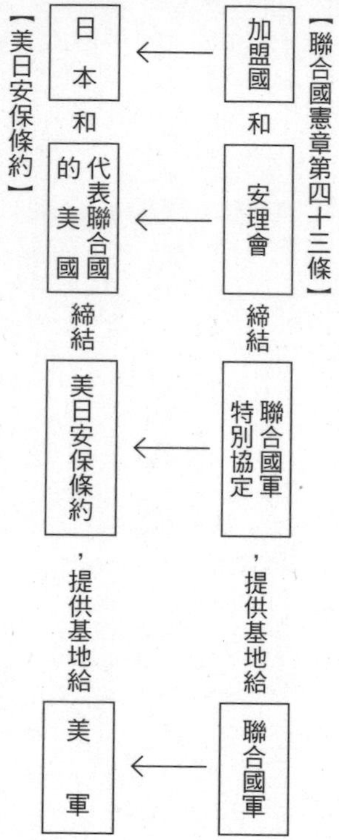
【聯合國憲章第四十三條】
加盟國
和
安理會
締結
聯合國軍特別協定
，提供基地給
聯合國軍
【美日安保條約】
日本
和
代表聯合國的美國
締結
美日安保條約
，提供基地給
美軍

換言之，日本和「代表聯合國的美國」，簽下「安保條約代替聯合國軍特別協定」，提供「美軍基地來作為聯合國基地」。杜勒斯告訴麥帥，這麼做在國際法上是站得住腳的。麥帥完全贊成這項提議，「六三〇備忘錄」中還記載，麥帥認為這種理由日本人也比較好接受（詳見一九八頁）。

於是，美日安保條約的基本概念就這樣誕生了，「代替聯合國軍的美軍」即將駐留在日本全境，日本政府卻完全沒辦法干涉。現在美日間這種異常的從屬關係，歸根究柢就是「美國代表聯合國，美軍代表聯合國軍」的法理造成的。

不但如此，日本接受了這個法理詭計之後，根據聯合國憲章第四十三條的規定，加盟國不只要提供基地這一類的「方便好處」，還得提供「兵力」和「支援」才行。最後美國會迫使日本提供各種軍事上的支援和兵力，而且美軍在法理上還有權進行指揮。

當時美軍在韓戰節節敗退，想必杜勒斯也很緊張吧。所以，他才會想出這種形同詐欺的戰略佈局，這在平時是絕不可能發生的事情。後來美日間的軍事關係，就按照杜勒斯的佈局發展了。

真正令人不敢相信的是，事情都已經過七十年了，當時的戰略佈局竟然逐漸成真。

解說

「六三〇備忘錄」

杜勒斯在這份報告書中（一九五〇年六月三十日，寫給艾奇遜國務卿等八人），回憶自己在六月下旬和麥帥**兩度**會談的經歷（六月二十二日和二十六日），摘要內容如下：

（六月二十二日早上，我和麥克阿瑟元帥會談，討論以下的議題。

關於美日締結和平條約後，美軍該用什麼方式繼續駐留日本，我認為這個問題不能單純站在美國的利益來考量，應該在「國際社會的安全與和平」的體裁中尋求解決之道。所以要讓日本提供基地，最好按照聯合國憲章第四十三條的概念，讓他們提供「軍事上的裨益」會比較好。於是，我把下列文件交給麥克阿瑟元帥參考。

「按照國際法本來的流程：

一、和日本締結和平條約。

二、讓日本參加聯合國。

三、屆時聯合國有發揮機能的話，就按照**聯合國憲章的第四十三條**，讓日本和安理會締結『特別協定』，這樣日本就可以提供『軍事上的裨益』給安理會了。

四、然而，目前**第四十三條**的『特別協定』並未實現。這種情況下，根據**聯合國憲章一〇六條**的內容，包含我國的五大常任理事國，在『特別協定生效（意指聯合國軍成立）之前』，有權『代替聯合國』採取『維護國際安全與和平的必要行動』。

我的提案是日本加入聯合國後，在聯合國憲章第四十三條生效之前〔意指聯合國軍成立〕，讓日本和美國簽署類似『特別協定』〔舊安保條約〕的條約，提供軍事基地給美國。由於美國代表波茨坦宣言的簽署國〔等於代表聯合國〕，未來聯合國軍的構想實現，那些基地也會成為聯合國基地。

這種構想，不曉得元帥以為如何？」

麥克阿瑟元帥在**下一次的會談〔六月二十六日〕**，表示全面贊成這個提議，他說這樣日本人也比較好接受

〈原文：http://history.state.gov/historicaldocuments/frus1950v06/pg_1229〉

◎「解謎之旅」結束

「發現」杜勒斯的「六三〇備忘錄」，我長達七年的「解謎之旅」也宣告結束了。

美軍制定的「美軍原案」（一九五〇年十月二十七日的原案）背後，還有杜勒斯的「六三〇備忘錄」闡明整個戰略概念（同年六月三十日的提案）。歸納起來流程如下。

①**韓戰開打沒多久，**杜勒斯制定「六三〇備忘錄」說服美國軍方。

（一九五〇年六月三十日）

⇩

②**韓戰過程中，**軍方制定了「舊安保條約．美軍原案」。

（一九五〇年十月二十七日）

⇩

③**戰後，美日間締結檯面上的條約和協定**＋**密約**

（一九五一年～現在）

到這裡就結束了。

「突然爆發的韓戰，導致日本在占領時期，產生了協助美軍作戰的體制。而杜勒斯的法理詭計，讓這個體制持續了超過六十年。」

因此，我們並不是活在「戰後體制」下，而是「韓戰體制」下才對。韓戰還沒有簽署和平條約，不算正式結束（算休戰中），當時的法理關係全都持續到現在。

最重要的是，今後我們若不明確拒絕「韓戰體制」的法理架構，那麼「六三〇備忘錄」和「舊安保條約．美軍原案」當中的內容，會慢慢被修訂成國內法。

這就是全部的日本戰後史之謎了。

◎日本不該支持軍國主義

原來，我們日本人不是活在「戰後體制」，而是「韓戰體制」之下。這等於延續了「占領下的戰時體制」以及「占領下的戰爭協力體制」，比延續「占領體制」更加惡劣。

瞭解這一點以後，很多謎題也就跟著揭曉了。

當我開始調查日本戰後史，有兩個問題我一直想不透。

為什麼許多聰明有幹勁的自由派人士，只會一再重申「不得修訂憲法」？

同樣地，「憲法草案由占領軍制定」分明是無庸置疑的事實，為什麼他們整整六十年以上都不願意碰這個話題？

或許他們心底很清楚，既然法律架構延續了「占領下的戰時體制」，那麼只要稍微動到憲法第九條，自衛隊就會被派到其他國家作戰，來實現美軍的全球戰略。

可是，請各位仔細思考一下，冷戰結束已經將近三十年了，世界情勢有很大的變化。過去俄羅斯和中國，被我們視為最大的「敵人」和「恐懼的象徵」。如今在嶄新的國際社會裡，他們的行為反而比美國更加自制。

站在公平的立場來看，地球上幾乎已經沒有爆發世界大戰的可能性了。唯獨美國依然保有超級強大的軍事力量，也沒有給予國民和平紅利[19]，還一再無視聯合國憲章，以軍事力量介入他國事務。

本來，美國打著「消滅軍國主義」（波茨坦宣言第六條）的名義占領大日本帝國。日本恢復主權以後，美國要消滅的對象變成了共產主義（詳見舊安保條約前文），軍隊也常駐在亞洲不肯離去。他們的軍事行動違反國際法，日本卻無條件支持了六十年以上。

諷刺的是，我們應該消滅的「軍國主義」，其實就隱藏在美日兩國之間的從屬關係裡。這個問題也該由我們自己來解決了。

◎歷史性的對立

麥克阿瑟和美國軍方，對於如何讓日本恢復主權的看法並不相同。麥克阿瑟認為，應該打造「新時代的集體安全保障構想（聯合國軍＋憲法第九條）」，美國軍方卻希望建立「舊有的軍事同盟（東西冷戰架構）」。這兩者的對立，規模足以撼動世界史，不曉得麥克阿瑟是否有所自覺。

可惜韓戰突然開打，麥克阿瑟的構想也在硝煙中破滅了。杜勒斯想出了讓美軍「代替聯合國軍」的辦法，在世界各地建立起軍事同盟網。

杜勒斯利用聯合國憲章的暫定條款（例外條款），編排出各種法律上的詭計，日本完全沒有招架之力，只好在聯合國的法理架構下，給予美軍毫無節制的自由，並且徹底承認軍事上的從屬關係。

這就是所謂的「舊金山體系」（詳見二〇四頁）。

冷戰結束以後，美日兩國扭曲的關係，讓美國軍方做了一個「支配全球」的狂人夢。美國自己也從聯合國憲章的制定者，墮落成聯合國憲章的破壞者。

◎如何拯救日本和全世界

有一件事我聽了以後也很訝異，小布希政權的國務卿康朵麗莎．萊斯（Condoleezza Rice），對於在日本和韓國布署軍力的美國太平洋司令部，發表了下面的看法：

「太平洋司令部的司令，一直以來就像殖民地的總督一樣（中略）。最好的情況下，他們只會混淆外交和軍事政策的界線；最壞的情況下，他們會把這兩種政策搞得一場糊塗。不管誰來當司令都一樣，這是太平洋司令這個職缺長久以來的問題。」（摘錄自《萊斯回憶錄（ライス回顧録）》集英社發行）

19 — 譯註：減少軍費支出，增加民生與建設預算。

換言之，真正對「戰後日本」實施殖民統治的是美國軍方（尤其是收編了美國遠東軍的太平洋司令部，過去占領日本的就是遠東軍），而不是美國政府。

就連美國外交首長國務卿，也不明白是什麼樣的歷史背景和法理架構，害日本淪落到今天這個地步。

不過，各位看完這本書，相信都已經很清楚答案了。

再來就看哪一天，日本能否組成一個正派的政權，請國內那些既得利益者滾蛋（亦即那些「安保村」的成員），再和美國總統或國務卿交涉。我們可以主張現在的美日關係，是奠定在違法的條約和協定上，而那些條約和協定，是在韓戰爆發的混亂中制定的，美國至少應該修正那些極度不平等的條約。

畢竟在美軍的眼裡，我們日本人的人權比美國的蝙蝠或遺跡還不如（詳見第六章）。只要我們提出事實據理力爭，美國總統和國務卿也不敢忽視。

舊金山體系是極為扭曲的從屬關係，日本人擺脫這樣的關係，對我們日本和全世界都是有益處的。

◎舊金山體系的法理架構

聯合國憲章

○第一○三條　「聯合國憲章的地位，在所有國際協定之上。」

○第五十三條　「二次世界大戰中的敵國，若再有侵略政策出現，可逕行發動攻擊，不必安理會許可。」

○第一○七條　「關於二戰敵國的戰後處置，不適用聯合國憲章。」

○第二條第五項　「聯合國基於聯合國憲章採取的所有行動，加盟國有援助的義務。」

○第四十三條　「基於聯合國安理會的要求，加盟國必須遵照特別協定，提供安理會維持國際和平所需的兵力、支援、裨益。」

○第一○六條　「基於第四十三條組建的聯合國軍若無法發揮作用，則五大國可以代為採取軍事行動。」

⇦

舊金山和約

○前文　「日本申請加入聯合國，並宣誓在任何情況下，都會遵守聯合國憲章的原則。」

○第五條（a iii）「日本接受聯合國憲章第二條之內容，對聯合國採取的行動，有義務提供任何支援。」

○第六條（a）「聯合國的所有占領軍，在和平條約生效後的九十天內，必須盡快撤離日本。不過，與日本互有協定的駐軍不在此限。」

⇩

安保法體系（詳見六一頁）

⇩

美日聯合委員會（詳見七五頁）

⇩

基地權密約（詳見九八頁）

⇩

吉田和艾奇遜換文（詳見一六六頁）

⇩

美日安全保障協議委員會（2＋2[20]）

⇩

裁判權密約（詳見九三頁）

⇩

指揮權密約（詳見一六〇頁）

20 一編註：美日安全保障協議委員會的別稱。

後記

如果說「保守」的定義，是重視社會「安定」勝過空泛「理念」，那麼我衷心支持保守。畢竟社會動亂時，最先被犧牲的永遠是我們小老百姓，尤其是那些社會上的弱勢群體。

不過，「安定」不能只是表面上的假象。假設整個社會的中樞神經都錯亂了，完全感受不到末梢產生的痛苦，這樣的狀況又豈能稱得上安定？

不久的將來，維繫我們日常生活的各種支柱都會瓦解，日本這個國家將陷入極為嚴重的混亂之中。

我在過去的著作中，多次提到那些身受其害的沖繩人。他們曾用一句很精準的話，來形容這個國家面臨的威脅：

「希望整個日本，都能感受到小拇指的疼痛。」

沖繩人說這番話，不只是要政府拯救他們脫離苦海。身體的一部分都受傷了，結果還感受不到疼痛，這未免太不正常了。失去了疼痛的感知能力，人又如何活得安全呢？大家應該試著去想像一下，接下來會面臨的情況——。

這才是我們的同胞，誠心對我們提出的警告。

沖繩人經歷了漫長的苦難，才得出了這麼刻骨銘心的箴言。我認為這些話當中，隱藏著如何幫助日本重生的智慧。

二〇一〇年六月鳩山政權失勢，九個月後福島發生核災事故，於是我展開了為時七年的「解謎之旅」。我盡可能把自己發現的事件全貌，用簡單易懂的方式歸納在本書中。

這趟解謎之旅結束後，我的感想是，美日兩國的軍事關係，確實有許多不為人知的黑暗面。可是，這純粹是我們太過無知，才會覺得這當中的黑暗深不可測。實際瞭解過後，你會發現整件事還滿單純的。

我在前面有提到，接下來就等一個正派的政權誕生，和美國進行交涉就好。當然，這不是一件容易的事。

當務之急是調查其他國家的案例：

○那些曾被大國欺壓的國家，如何消除不平等條約？
○那些曾被美國軍事統治的國家，如何擺脫軍事統治？
○那些打倒自己國家獨裁政權的人，如何制定對抗的戰略？

今後，我會踏上「尋找對策之旅」。

或許要花上一點時間，有任何消息我會再告訴各位。
暫時要和各位告別了，請大家多多保重。

◎〔補充〕為什麼「第九條第三項加憲案」行不通

這本書寫完以後，今年（二〇一七年）五月三日的憲法紀念日，安倍首相突然拋出了修憲的議題。這次的「加憲案」也就是保留憲法第九條第一、第二兩項，另外在憲法上明記自衛隊存在（可能為第九條第三項）。

自衛隊和憲法第九條第二項（不維持戰力）本身存有深刻的矛盾，這個矛盾總有一天要解決。

不過，各位看完本書應該很清楚，不瞭解「檯面下的規範」（安保法和密約法體系），光看檯面上的條文就貿然修改憲法是多危險的事情。

簡單說，**憲法第九條本來是占領時期，搭配聯合國憲章（聯合國軍）寫出來的東西。而我在書中也提過（第九章）杜勒斯的法理詭計，因此一九五二年日本恢復主權後，憲法第九條反倒和美日安保綁在一起。**

美軍還制定一些權限大到很荒唐的密約，這都是檯面上的條文看不到的東西。

①「自由使用日本國土進行軍事活動的權利（基地權）」（第一～第三章、第五章）

②「戰時自由指揮自衛隊的權利（指揮權）」（第八～第九章）

另外，還有兩個無法挑戰的機構，來支持這種扭曲的法理關係。

③「美日聯合委員會」（第四章）

④「最高裁（砂川判決）」（第六章）

如果不先解決這四大問題，就修改憲法承認自衛隊的存在，那麼結果就會像我在第九章提到的一樣，形成「美軍利用日本」的軍事體制，這個體制本身是在韓戰時產生的。

那麼，日本未來該如何修正這扭曲的架構，成為一個真正有主權的和平國家，讓憲法保護國民的人權呢？

要解開這個複雜的謎題，請所有人先放棄立場上的爭論，認真傾聽那些在遠方受苦受難的同胞（例如沖繩、福島、自衛隊隊員），然後根據事實（第七章）進行根本上的議論。

國家圖書館出版品預行編目 (CIP) 資料

非正常國家：透視美國對日本的支配結構 / 矢部宏治作；葉廷昭譯.
-- 初版 . -- 新北市：遠足文化，2019.10 -- (大河；46)
譯自：知ってはいけない：隠された日本支配の構造
ISBN 978-986-508-031-0 (平裝)

1. 美日安保關係 2. 日本史

578.3152 108013823

大河 46
非正常國家
透視美國對日本的支配結構

知ってはいけない —隠された日本支配の構造—

作者——矢部宏治
譯者——葉廷昭
執行長——陳蕙慧
總編輯——郭昕詠
校對——渣渣
行銷總監——李逸文
行銷企劃經理——尹子麟
封面設計——虎稿
排版——簡單瑛設

社長——郭重興
發行人兼
出版總監——曾大福
出版者——遠足文化事業股份有限公司
地址——231 新北市新店區民權路 108-2 號 9 樓
電話——(02)2218-1417
傳真——(02)2218-1142
電郵——service@bookrep.com.tw
郵撥帳號——19504465
客服專線——0800-221-029
網址——http://www.bookrep.com.tw
Facebook——https://www.facebook.com/saikounippon/
法律顧問——華洋法律事務所 蘇文生律師
印製——呈靖彩藝有限公司

初版一刷 西元 2019 年 10 月
Printed in Taiwan